»Und das Wort Gottes wuchs, und die Zahl der Jünger in Jerusalem mehrte sich sehr; und eine große Menge der Priester wurde dem Glauben gehorsam« (Apostelgeschichte 6,7).

Gregor Dalliard

Ich konnte nicht mehr Priester sein

clv
Christliche
Literatur-Verbreitung e.V.
Postfach 11 01 35 · 33661 Bielefeld

Bibelzitate sind der römisch-katholischen ›Jerusalemer Bibel‹ und der ›Revidierten Elberfelder‹ entnommen.

1. Auflage 1998

Gesamtausgabe bisher erschienen unter dem Titel
»Ich durfte nicht mehr Priester sein«
bei Dynamis, Kreuzlingen
© der gekürzten Taschenbuchausgabe
by CLV · Christliche Literatur-Verbreitung
Postfach 11 01 35 · 33661 Bielefeld
Satz: CLV
Umschlag: Dieter Otten, Gummersbach
Druck und Bindung: Ebner Ulm

ISBN 3–89397–410–5

Inhalt

Vorwort

»Denn wer sich meiner und meiner Worte schämt ...«
(Mk 8,38).

Das vorliegende Taschenbuch ist aus einer nicht alltäglichen Begebenheit heraus entstanden. Eine Exkommunikation – der Ausschluss aus der röm.-kath. Kirche – war früher ein häufig angewendetes Verfahren, um Auffassungen zu bekämpfen, die der röm.-kath. Lehrmeinung widersprachen. In den vergangenen Jahren haben die Gläubigen der römischen Kirche kaum mehr etwas davon gehört.

Seit meiner Exkommunikation häufen sich Briefe, Telefonanrufe und Gespräche mit Fragen suchender Katholiken und Mitglieder der traditionellen Volkskirchen. Auch das gewöhnliche röm.-kath. Volk scheint, aufgescheucht durch die heute zugänglichen Informationsquellen, nicht mehr gewillt zu sein, blindlings der römischen Hierarchie zu folgen. Das einfache Volk versucht, die lange Vergangenheit der römischen Kirche im Lichte Jesu und der Apostel zu prüfen. Heute öffnen sich Türen in das bisher verschlossene Labyrinth kirchlicher Geheimnisse. Das katholische Kirchensystem kann dem Grund- und Eckstein Jesus Christus nicht standhalten.

Zu lange und zu weit haben sich die kirchlichen Obrigkeiten von Jesus Christus und der Lehre der Apostel entfernt und sowohl das einfache wie auch das gebildete Volk betrogen, als dass Christen den Mantel der Ökumene über alles werfen könnten, was nur eine Jesus-Etikette trägt. Der Menschheit, die in einer unermesslichen Ausweglosigkeit steckt, kann nicht durch eine neue ökumenische Religion geholfen werden, die jeden mit seiner Lehre akzeptiert, sondern allein die Umkehr zu Jesus Christus und zu seinem Wort kann den Menschen noch helfen. Die Liebe zu Jesus Christus und zu seiner Botschaft drängte mich, meinen vielen ehemaligen Glaubensgeschwistern aus der römischen Kirche die Bedeutung des teuer erkauften Sieges Jesu auf Golgatha für unser Leben, für Zeit und Ewigkeit näher zu bringen. Monatelang rang ich im Gebet vor Gott um die Frage: Soll ich in Form eines Buches Zeugnis über den Glauben an Jesus Christus ablegen oder soll ich es lassen? Wie können Katholiken spüren, dass ich nicht über die römische Instanz richten will noch kann, sondern dass es mir vielmehr um das Aufdecken einiger Ereignisse geht, die – der Bibel zufolge – im Widerspruch zu Jesus Christus stehen. Der Apostel Paulus fordert die Christen auf: »Prüft, was dem Herrn gefällt, und habt nichts gemein mit den Werken der Finsternis, die keine Frucht bringen, sondern deckt sie auf« (Epheser 5,10-11).

Öffentlich, vor dem Volk, stellte Jesus die wahren Absichten der religiösen Obrigkeit bloß, deckte sie auf. Denn Gottes Wille soll überall allen erkennbar sein und immer offen bleiben. Das Volk damals vertraute blind seiner religiösen Obrigkeit, weil diese sich als Gottes Freunde ausgab. Das Volk liebte Jesus und erkannte mehr und mehr den Unterschied zwischen dem Willen Gottes und dem ihrer religiösen Führer. Das Volk pries Gottes Großtaten, während die religiösen Führer ihre Posten und Sicherheiten gefährdet sahen. Sie beschlossen, Jesus mit allen Mitteln in der Öffentlichkeit zu denunzieren, zu diffamieren und zu töten (Johannes 5,18; 7,17.19). So konnten sie die religiösen Massen verunsichern.

Jesus prophezeit: »Und ihr werdet um meines Namens willen von allen gehasst werden; wer aber bis zum Ende standhaft bleibt, der wird gerettet … Ein Jünger steht nicht über seinem Meister … wenn man schon den Herrn des Hauses Beelzebul nennt, dann erst recht seine Hausgenossen« (Matthäus 10,22-25).

Mit Geld- und seelischem Druck, mit Drohungen und Versprechungen brachten sie zuletzt – man bedenke – »im Namen Gottes« den Großteil des Volkes gegen Jesus auf (Johannes 9,22; 12,10-11.42; 16,2; Matthäus 28,11-15).

Jesus kam, um den Willen des Vaters zu tun. Wo er diesen Willen durch religiöse Führer verändert vorfand, scheute er sich nicht, sie mit harten Worten zurechtzuweisen. Über die Hohenpriester, Pharisäer und Schriftgelehrten, die vor dem Volk die Wahrheit verdrehten, sie ihm vorenthielten und mit eigenen Ideen und Menschensatzungen ausfüllten, sagte er deshalb schonungslos: »Ihr seid aus dem Vater, dem Teufel« (Johannes 8,44), »Heuchler, blinde Führer, übertünchte Gräber, Totengebein, Schlangen- und Otternbrut« und verhieß ihnen das ewige Gericht, dem sie nicht entgehen würden (Matthäus 23 u.a.).

Da ich gegen keinen einzigen Menschen Hass oder Verachtung im Herzen trage, weil ich um die menschlichen Unzulänglichkeiten weiß, wäre es mir dennoch nicht zu entschuldigen, wollte ich um freundschaftlicher Banden willen Unwahrheiten übergehen oder verschönern. Sicher entspräche es meinem natürlichen Wesen, mit allen und mit jedem Menschen Frieden zu haben. Manche Feindschaft und Ablehnung könnte ich mir und meiner Familie ersparen. Jesus

9

lehnt aber jeden faulen Frieden mit der Welt ab. Was die Welt und die religiösen Institutionen unter Liebe verstehen, widerspricht oft bei weitem dem, was Jesus Christus unter Liebe gelehrt und gelebt hat. Er sagt: »Bleibet in meiner Liebe« (Johannes 15,9).

Der Apostel Johannes lehrt: »Wer sich aber an sein Wort hält, in dem ist die Gottesliebe wahrhaft vollendet« (1. Johannes 2,5).

In seiner Liebe zum Vater und zu den Menschen musste Jesus jene, die den Willen des Vaters zur Handelsware degradiert hatten, aus dem Tempel werfen. »Er machte eine Geißel aus Stricken und trieb sie alle aus dem Tempel hinaus …« (Johannes 2,15).

Er nannte Petrus Satan, weil dieser irdische Menschlichkeit dem göttlichen Willen vorziehen wollte: »… und sagte zu Petrus: Weg mit dir, Satan, geh mir aus den Augen! Du willst mich zu Fall bringen; denn du hast nicht das im Sinn, was Gott will, sondern was die Menschen wollen« (Matthäus 16,23). Von Herodes sagt Jesus: »Geht und sagt diesem Fuchs …« (Lukas 13,32).

Diese Liebe erlaubt keine Kompromisse, wenn es um die Nachfolge Jesu, die Erfüllung seines Willens und die Verkündigung seiner Heilsbotschaft geht. Jesus Christus fordert uns zum freimütigen Bekenntnis auf, wenn wir in der Stunde unseres Todes nicht von ihm verleugnet werden wollen. Darum sagt er: »Denn wer sich meiner und meiner Worte schämt unter diesem ehebrecherischen und sündigen Geschlecht, dessen wird sich auch der Sohn des Menschen schämen, wenn er kommen wird in der Herrlichkeit seines Vaters mit den heiligen Engeln« (Markus 8,38).

Mörel/Breiten 1991/1997

19. Oktober 1988:
Verworfen und denunziert

Aus der röm.-kath. Gemeinschaft exkommuniziert (ausgeschlossen), verließ ich am 19. Oktober 1988 das bischöfliche Palais von Sitten. Was soeben geschehen war, hockte noch zutiefst in meiner Seele, als dass ich mich würdig gefühlt hätte, für den Herrn Jesus Christus zu leiden und mich wie einst die Jünger Jesu hätte freuen können. Denn ich musste mich zwischen dem von mir hochgeschätzten Bischof Heinrich Schwery, einem Vertreter der altehrwürdigen, mächtigen römischen Kirche, und dem »unbedeutenden« Jesus von Nazareth entscheiden. Ich entschied mich für den »Schwächeren«.

Es schien mir, als verlöre ich soeben einen sehr guten Freund, weil Jesus Christus dazwischen getreten war. Gerade wegen dieser von Christus Jesus in die Welt gesetzten Tragik, die Menschen auseinanderreißt, bleiben die Worte der Apostel vor dem priesterlichen Hohen Rat auch meine Worte: »Petrus aber und Johannes antworteten und sprachen zu ihnen: Ob es vor Gott recht ist, auf euch mehr zu hören als auf Gott, urteilt selbst ... Petrus und die Apostel aber antworteten und sprachen: Man muss Gott mehr gehorchen als Menschen« (Apostelgeschichte 4,19; 5,29). Auch der Bischof wird sich zwischen diesen beiden – dem mächtigen Rom und dem verachteten Jesus von Nazareth – entscheiden müssen! In den folgenden Tagen riefen mich Priester an und erkundigten sich nach meinem Wohlergehen. Als mich ein

Priester fragte, wie ich mich bei der psychiatrischen Behandlung fühle, fragte ich ihn, worauf er eigentlich hinaus wolle. Er entschuldigte sich und las mir die Stellungnahme des bischöflichen Ordinariates vor, die an alle Pfarrämter und Geistlichen der Diözese Sitten und darüber hinaus verschickt worden war. Darin wurde ich gemäß kirchlichem Recht, nach Kanon 1044 § 2, für geistesgestört und psychisch krank erklärt.

Das Vorgehen der Kirchenobrigkeit traf mich wie ein Dolch ins Herz.

Ein Vertreter des Pfarreirates von Grächen meinte: »Wenn die in Sitten zu solchem Rufmord fähig sind, werden sie auch fähig sein, dich aus der Welt zu schaffen, ohne dass jemand nur den Gedanken an ihre Täterschaft hätte.«

An jenem Morgen in der Frühe rief mich der bischöfliche Offizial von Basel an, mit dem ich durch seine Ferienaufenthalte in Zermatt und durch die katholisch-charismatische Bewegung befreundet war. Er teilte mir mit, dass ich exkommuniziert sei. Die Offiziale der Schweizerdiözesen trafen sich in Deutschland mit anderen europäischen Eherichtern. Bei dieser Gelegenheit teilte Dr. Paul Werlen, der Walliser Eherichter, Dr. Alfred Bölle mit, dass ich vom katholischen Glauben abgefallen und in der gegebenen Situation die Exkommunikation notwendig geworden sei. Dr. Bölle versuchte diese Exkommunikation zu verhindern, bat mich aber inständig, von seinem Namen keinen Gebrauch zu machen, woran ich bis hierher, zehn Jahre danach, auch festgehalten habe.

Dr. Winfried Blasig, röm.-kath. Theologe, schreibt in seinem Buch »Christ im Jahr 2000«: »Vor allen anderen aber ist Jesus von Nazareth von seinen geistlichen Oberen exkommuniziert und umgebracht worden; nach ihm haben die elf getreuen Apostel und Paulus ein ähnliches Schicksal erlitten. Judas entging der Exkommunkation! Wer des geistlichen Schwertes sich bedient, der muss also sehr ernst bedenken, auf wessen Seite er sich stellt.«[1] Blasig fährt fort: »Was diesen verschiedenen Abweichlern gemeinsam ist, liegt in der Behandlung, die ihnen zuteil wird: die Verfolgung, die negative Deutung ihrer Lehren und Lebensweisen, die Unterdrückung ihrer Wahrheit, die Abweisung ihres Protests, die moralische Abwertung, die Unterstellung unredlicher Motive oder der Geisteskrankheit. Angefangen von Jesus, dem man Besessenheit vorwarf, bis zu den Abweichlern gegenüber Staatsideologien oder Staatskirchentum … All dies hat Jesus am eigenen Leib erfahren wie kein Zweiter.«[2]

Zwei Kirchenrechtler hatten mir auf meine Anfrage hin die Exkommunikation bestätigt. Ein Kirchenrechtler, den ich um Rat fragte, forderte mich auf, vom Bischof sofort eine Klarstellung zu Kanon 1044 § 2 zu verlangen. Bis heute ist meine schriftliche Anfrage (*siehe Seite 14*) unbeantwortet geblieben!

Was uns alle bestürzte und einen Medienrummel auslöste, war nicht so sehr meine Absicht, die röm.-kath. Kirche demnächst verlassen zu wollen, sondern die Art und Weise, wie die kirchliche Obrigkeit mich (und damit auch den Laientheologen mit seiner Frau und seinen Kindern, sowie die Pfarrhelferin und die Sekretärin, die finanziell von mir abhängig waren) nach einer Stunde Verhör auf die Straße setzte. Das ganze Vorgehen war kirchenrechtlich unhaltbar.

Die Zahl der Priester, die heute die röm.-kath. Kirche verlassen, sich ganz unter das Evangelium stellen

Gregor Dalliard
Pfarrhaus

3925 <u>Grächen</u>   Grächen, den 25. Oktober 1988

                              <u>Einschreiben</u>

                              Herrn Bischof
                              Heinrich Schwery
                              rue de la Tour

                              1950 <u>Sitten</u>

Beschlussfassung meiner Exkommunikation

Sehr geehrter Herr Bischof Schwery,

Ich möchte auf das Urteil meiner Exkommunikation vom 19.Oktober 1988 zurük-
kommen und meinen Schmerz und mein Unverständnis über Ihr Vorgehen zum Ausdruck bringen.

Ich möchte Sie um eine ~~eine~~ Erklärung bitten, betreffend dieses Ausschlusses.
Sie zitieren unter Punkt 1, Canon 1044,& 2:

          a) Was heisst das konkret?

          b) Liegt ein psychiatrisches Gutachten zur Einsicht vor?

Ich bitte Sie höflichst um eine Erklärung.

                              Mit freundlichen Grüssen
                              Gregor Dalliard

Brief an den Bischof, »Beschlussfassung meiner Exkommunikation«

und ihr christliches Zeugnis ohne Rom leben, wird immer größer. Sie werden suspendiert, das heißt ihres Amtes enthoben, aber selten exkommuniziert.

Viele fragen sich, warum eine Exkommunikation, warum dieser Rufmord mit Kanon 1044 § 2 und warum in aller Öffentlichkeit? Das bischöfliche Dokument bahnte sich von den Pfarrämtern schnell einen Weg in die Öffentlichkeit.

Durch die Exkommunikation wurde bei unserem streng katholischen Volk der Verdacht erweckt, dass ich mich doch eines schwerwiegenden Deliktes schuldig gemacht haben müsse und die kirchliche Obrigkeit mich durch ihr Stillschweigen schützen wolle.

Die ganze Situation wurde noch dadurch verschärft, dass in den folgenden Tagen weder der Pfarrei- noch der Gemeinderat von Grächen offiziell vom bischöflichen Ordinariat über meinen Ausschluss informiert wurden.

Nachdem Protest und Missmut in der Öffentlichkeit zunahmen, geriet das bischöfliche Ordinariat in eine gewisse Verlegenheit. Eine weitere Begebenheit sollte das ganze noch schüren. Das Ordinariat bat den Walliser Radiosprecher von *DRS-Aktuell* und die Presse, den Ausdruck Exkommunikation in der Öffentlichkeit nicht zu benutzen. Man solle von Suspension reden und schreiben. (Generalvikar Franziskus Lehner bestätigte dies bei der außerordentlichen Generalversammlung des Gemeinde-, Burger- und Pfarreirates von Grächen am 27. Oktober 1988 in Grächen. Ebenso bestätigte er vor den Anwesenden meinen Ausschluss als Exkommunikation.)

Dadurch sollte unter dem Volk das Vorgefallene verharmlost und die Gemüter beruhigt werden. Die Verwirrung war perfekt.

15. August 1988:
Die Marienpredigt

Jener Montag, der 15. August 1988, sollte zum Auslöser für viele Stunden sowohl der Betrübnis als auch
der Freude werden. An diesem Tag begeht die katholische Kirche das Fest der leiblichen Aufnahme Marias in den Himmel (Mariä Himmelfahrt). Im katho-
lisch-volkstümlichen Verständnis ist dies zugleich die
Auferstehung Marias, weil Maria den Thron der Re-
gentschaft mit dem auferstandenen Herrn Jesus Christus im Himmel teilt. In einer touristischen Region
wie dem Wallis herrscht an den Sommerwochenen-
den auch für den Pfarrer Hochbetrieb. Dann ballt
sich an Familien-, Vereins- und Volksfesten, an Hoch-
zeits-, Tauf- und Einsegnungszeremonien ein regel-
rechter Messelese- und Weihwasserwettstreit besonderer Art zusammen.

Ähnlich erging es mir. Am Montag, dem 15. August, sollte ich also eine Marienpredigt halten. Die
Heilige Schrift lässt uns den Kampf Marias zwischen
der jüdischen Synagoge auf der einen und der Entscheidung für Jesus auf der anderen Seite erkennen.
Maria ist mir gerade darin ein unentbehrliches, leuch-
tendes Beispiel geworden. Wie sollte ich nur den Got-
tesdienstbesuchern aufzeigen, wie beispielhaft und
nachahmenswert Maria, die Mutter Jesu, handelte,
wie verehrungswürdig sie ist nach dem biblischen
Wort: »Siehe, von nun an preisen mich selig alle Ge-
schlechter« (Lukas 1,48)? Wie konnte ich ihnen aber
auch die verabscheuenswürdige Anbetungspraxis in

der katholischen Kirche aufzeigen, die in Wirklichkeit den antiken Himmelsgöttinnen und deren Söhnen gilt?

Da ich mich für einige Tage auswärts aufgehalten hatte und in der überkonfessionellen Schule JMEM in Wiler bei Biel über die röm.-kath. Kirche sprach, geriet ich unter Zeitdruck. Zu Hause angelangt, erwartete mich die Sekretärin mit einigen Broschüren »Warum weint Maria?« Diese Broschüren hatten uns unbekannte Leute im Dorf verteilt. Der Inhalt löste im Dorf Fragen aus. Einige Leute erkundigten sich per Telefon, was man wohl davon halten sollte.

Kurzerhand entschloss ich mich, darüber zu predigen. Im Beichtstuhl durchstreifte ich den Text und erkannte, dass dieser wohl weitgehend auf geschichtlichen Tatsachen beruht. Mit einigen Notizen aus diesem Büchlein und mit Schrifttexten hielt ich dann ziemlich spontan die Mariä-Himmelfahrts-Predigt. Neben den offiziellen Gottesdiensten stand ich an diesem Tag noch zwei Hochzeiten mit Messe im Nachbardorf St. Niklaus vor. Ich bat die Sekretärin, die Predigt vom 17.30-Uhr-Gottesdienst auf Tonband festzuhalten. Eine hörbare Unterlage bei diesem heiklen Thema schien mir angebracht. Dieses Predigtthema bietet unter Katholiken wie unter anderen religiösen Gemeinschaften und Christen immer wieder Stoff zu Kontroversen. Zudem gab es eine Reihe von interessierten Einheimischen und Gästen, die gerne eine Kopie von meinen Marienpredigten haben wollten. Hier nun die spontan gehaltene Predigt vom 15. August 1988:

Liebe Brüder und Schwestern!
In letzter Zeit hatten viele Leute hier im Wallis ein Büchlein zugestellt bekommen mit dem Titel »War-

um weint Maria?«, mit dem Bild der Madonna von La Salette, die da weint. Ich erhielt einige Telefonanrufe, mit der Frage, ob denn das stimme, was da drin stehe, und auf der Straße hat man mich gefragt, was man davon halten solle. Ich habe das Büchlein gelesen und auch im Zusammenhang mit anderen Aussagen versuche ich nun aufzuzeigen, was das Büchlein sagt und woher der Unterschied zwischen Maria, der Mutter Jesu, und der berühmten Gottesmutter kommt, welches die Kennzeichen der beiden Frauen sind. Es gibt nämlich einen Unterschied zwischen dem, wie Gott, der Herr, uns Maria in der Heiligen Schrift zeigt, wie die Zeugen zur Zeit Marias, die mit ihr lebten, uns Maria schildern, und jenen, die 1800 Jahre später über Maria etwas wissen wollen. Ich glaube, es leuchtet einem jeden von uns ein, dass jene, die mit einem Menschen leben, ihn besser kennen, als jene, die 300 Jahre später über den Mensch etwas aussagen wollen. Ich glaube, dass die Aussagen der Jünger, der Apostel des Herrn, über Maria entscheidend sind und nicht was Menschen nachher darüber sagen.

Maria, die Mutter des Herrn, ist eine große Frau, eine verehrungswürdige Frau. In dieser Broschüre wird uns aufgezeigt und geschichtlich fundiert, dass es sich bei der Frau, die viele unwissentlich verehren, nicht um Maria handelt. Es wird hier geschichtlich aufgezeigt – und das stimmt auch – wie damals in Babylon, Babylonien, eine satanische »Jungfrau« namens Semiramis die Macht an sich gerissen und sich immer mehr Völkerstämme unterworfen hat: Diese Semiramis war eine tolle Frau und stark; sie war voller Lust und Abenteuer, voller Unzucht und Bosheit; sie war grausam, denn sie hatte Freude daran, Menschen zu Tode zu quälen.

Die Menschen hatten eine solche Angst vor ihrer Macht, weil sie eine dämonische Frau war, und sie glaubten, dass Gott in ihr wirke, weil sie so mächtig war. Darum nannten die Menschen sie schon zu Lebzeiten »Gottesmutter, Mutter des Himmels, Königin, Allmächtige, der alles unterworfen ist«.

Semiramis war verheiratet mit Nimrod. Er war sowohl ihr Sohn wie auch ihr Mann. Nimrod starb frühzeitig. Semiramis verlangte vom Volk göttliche Ehre für ihren Sohn und Mann. So wurde dem Sohn göttliche Ehre zuteil und ihr, der Mutter, wurde eben der Name Gottesmutter gegeben. Als Semiramis dem Tode nahe war, versuchte sie, die Menschen noch einmal zu knechten und zu unterjochen, damit sie sie auch nach ihrem Tode verehren würden. Schon zu Lebzeiten ließ sie dann von sich und ihrem Sohn Tammuz kleine Statuen machen, die darstellen, wie sie diesen Sohn in den Armen hält. Als sie starb, war ganz Babylon, das heutige Arabien und all diese Gebiete, ihr unterworfen und die Menschen waren so eingeschüchtert, dass sie überall diese Frau verehrten – und zwar mit Zittern und Schrecken, denn sie hatten die Grausamkeit erlebt. Der Kult dieser Gottesmutter Semiramis breitete sich von dort über die ganze Welt aus. So hatten auch bald die Germanen eine ähnliche Gottheit wie Semiramis. Ebenso die Menschen anderer Völker.

In vielen Ländern war die Muttergottheit das größte, weil die Frau die Gebärende ist, und so hatte man eine nähere Beziehung zu diesem Wesen.

Wir wollen einmal kurz eine Geschichte hören, als der Apostel Paulus nach Ephesus kam – das ist eine Stadt in der heutigen Türkei – denn diese Stadt war ein Wallfahrtsort der Artemis, ähnlich der Semiramis. Aus der ganzen umliegenden Welt kamen die Menschen und pilgerten zu dieser Frau und brachten ihr Kuchen und Dinge dar, in der Hoffnung, dass sie ihnen in allen Belangen helfen würde. Paulus betrat nun diese Stadt und verkündete, welch einer Irrlehre sie da anhingen, dass eben diese Artemis eine satanische Frau sei und dass Christus gekommen wäre, um die Menschen auf der ganzen Welt von dieser Muttergottheit zu befreien. Wir lesen im Kapitel 19 der Apostelgeschichte, was in Ephesus geschehen ist; und es ist ganz interessant, wie gebunden die Menschen dort waren. Es heißt dort: »In den nächsten drei Monaten ging Paulus regelmäßig in die Synagoge.« Er war ja selbst Jude und wollte dort die Juden zum Christentum bekehren. »Dort verkündigte er ohne Scheu, dass Gott durch Jesus Christus seine Herrschaft aufrichtet, setzte sich mit den Einwänden der Zuhörer auseinander und suchte sie zu überzeugen. Aber einige der Juden verschlossen sich der Botschaft; sie wollten sich nicht überzeugen lassen. Als sie schließlich vor allen anderen die neue Lehre über Jesus verspotteten, kehrte Paulus ihnen den Rücken; er löste sich von der Synagoge mit jenen, die glaubten. Von nun an sprach er täglich in einem Saal eines Griechen, namens Tyrannus. Volle zwei Jahre lehrte er dort; so konnten die Bewohner der Provinz, Juden wie Griechen, die Botschaft Jesu hören und Gott ließ durch Paulus ganz große Dinge geschehen …«

In dieser Zeit kam es wegen der neuen Lehre (wegen Jesus) zu schweren Unruhen in Ephesus. Es gab dort nämlich einen Silberschmied namens Demetrius, der silberne Nachbildungen vom Tempel der Göttin Artemis verkaufte; das brachte ihm und der ganzen Stadt und allen, die er beschäftigte, einen schönen Gewinn ein. Dieser Demetrius rief alle, die in diesem Gewerbe tätig waren, zusammen und sagte: »Männer, ihr wisst, unser ganzer Wohlstand hängt davon ab, dass wir diese Nachbildungen herstellen. Und ihr werdet erfahren haben, dass dieser Paulus den Leuten einredet: Götter, die man mit Händen macht, sind ja gar keine Götter. Er hat mit seinen Reden nicht nur hier in Ephesus Erfolg, sondern fast überall in der Provinz Asien. Deshalb besteht die Gefahr, dass er nicht nur unseren Handel in Verruf bringt. Stellt euch vor, es würde soweit kommen, dass der Tempel der großen Göttin Artemis seine Bedeutung verliert! Stellt euch vor, dass die Göttin selbst in Vergessenheit gerät, die heute überall in unserer Provinz und in der ganzen Welt verehrt wird!« Als die Männer das hörten, wurden sie wütend auf Paulus und riefen: »Groß ist die Artemis (Muttergottes) von Ephesus!«

Die Unruhe breitete sich in der ganzen Stadt aus. Gaius und Aristarch, die sich Paulus in Mazedonien angeschlossen hatten, wurden von der Menge gepackt und zum Theater geschleppt. Paulus wollte sich der Menge stellen, aber die Brüder ließen ihn nicht aus dem Haus. Auch einige hohe Beamte der Provinz, die ihm freundlich gesonnen waren, warnten Paulus durch Boten davor, sich im Theater sehen zu lassen.

Unter den dort Zusammengeströmten herrschte große Verwirrung. Alle schrien durcheinander und die meisten wussten nicht einmal mehr, worum es ging. Die Juden schickten Alexander nach vorn. Einige aus der Menge erklärten ihm den Anlass. Da winkte er mit der Hand, und wollte vor dem Volke eine Verteidigungsrede für die Juden halten. Aber als die Leute merkten, dass er Jude war, schrien sie ihn nieder und riefen zwei Stunden lang im Chor: »Groß ist die Artemis von Ephesus!« Nach zwei Stunden gelang es dem Sekretär der Volksversammlung, die Menge zu beruhigen.

Die Geschichte geht dann sehr interessant weiter. Paulus spürte, dass die Männer von dieser mächtigen Frau abhängig waren. Sie konnten nicht frei werden. Paulus musste weiter nach Mazedonien und ließ dann Timotheus zurück, damit er die kleine Christengemeinde betreute, die sich für Jesus entschieden hatte. Aber die Macht gegen Paulus, gegen das Christentum, war sehr stark.

Und nun eine interessante Tatsache, die geschichtlich auch belegt ist. Ich lese aus dem Büchlein von Rottmann »... und werden den Lehren der Dämonen anhangen«: »In Ephesus gab es nach diesem Ereignis ein klar getrenntes Nebeneinander von Heidentum und Christentum«[1] – nachdem die ersten Christen in der Stadt waren – »bis der römische Kaiser Theodosius I.«[2] – und das ist für uns Katholiken sehr wichtig – »im Jahre 391 das Christentum zur Staatsreligion erhob und alle heidnischen Kulte verbot.«[3] Bis dahin hatten die Kaiser die Christen grausam verfolgt, wie wir das sicher alle wissen. Aber da das Römische Reich immer christlicher wurde, trotz der grausamen Verfolgungen, kam der Thron in Rom ins Schwanken und Theodosius entschied sich eines Besseren ... Rottmann schreibt dazu: »Für diejenigen unter den Ephesern, die bisher ihrer Tradition und dem heidnischen Glauben an Artemis treu geblieben waren, kam nun eine schwere Zeit. Sie mussten sich dem Glauben an eine Vatergottheit unterordnen, obwohl sie im Herzen an der Muttergottheit festhielten«,[4] – der sogenannten Semiramis oder

Artemis. »Aber nur 40 Jahre später, im Jahre 431, brachte das Konzil von Ephesus eine entscheidende Wende. Zwar wurde die Anbetung der Artemis nicht wieder erlaubt, aber die christliche Kirche bezeichnete Maria [nicht mehr als Mutter Jesu, sondern als jene, die Gott geboren hatte] als Gottesgebärerin und begann sie gleichzeitig als Gottesmutter zu verehren.«[5] Damit wurde Maria entwürdigt und zu einer Göttin gemacht, die sie nie war und nie sein wollte. Nun hatten die Epheser wieder ihre Göttin, einen Ersatz für die Artemis, denn unzählige Heiden strömten zur Zeit des Theodosius in die christlichen Gemeinden ein und nahmen ihren Götterglauben mit, den sie im Herzen trugen. Maria wurde nun Gottesmutter, Himmelskönigin, jene Frau, die früher eben die Artemis war, die Semiramis. »Die Verkündigung des Dogmas von der Gottesgebärerin wurde von der Bevölkerung in Ephesus mit ungeheurem Jubel aufgenommen«[6] und der alte Kult wurde nun katholisch weitergetragen bis zur heutigen Zeit.

Liebe Brüder und Schwestern, wenn wir das hören – wir könnten als Vergleich noch viele andere Parallelstellen bringen –, dann dünkt uns das alles sehr eigenartig und manche könnten meinen: Ja, der Pfarrer da vorne, der ist einfach gegen Maria. Aber ich glaube nochmals sagen zu müssen: Es ist ein Unterschied, ob man gegen die Gottesmutter ist oder gegen Maria. Eine Gottesmutter gibt es im christlichen Glauben nicht. Es gibt nur eine Mutter Jesu, jene, die uns Jesus geboren hat. Alles andere ist nicht christlich. Wir können dies in den Schriften nachlesen, die uns die Jünger überliefert haben.

Paulus hat dann an Timotheus zwei Briefe geschrieben – nach Ephesus – und dort lesen wir, wie Paulus

Timotheus mahnt, treu zu bleiben – und wie sich zur Zeit des Theodosius die Christen gegen dieses Dogma zur Wehr setzten: Denn die Christen sagten, das ist das Schändlichste, was ihnen widerfahren kann, denn so werden die Menschen sich nie mehr bekehren. Sie werden das Heil nicht mehr finden, denn sie werden von der uralten Muttergottheit geknechtet sein. Paulus schreibt dann in den Timotheusbriefen: Es gibt keinen Mittler, Fürsprecher und Vermittler zwischen Gott und den Menschen, einzig Jesus Christus (vgl. 1. Timotheus 2,5). Und er schreibt an einer anderen Stelle: Wenn jemand andere Mittler kennt zwischen Gott und den Menschen außer Jesus Christus und das Wort anders deutet, die Menschen anders lehrt, als wie Gott gelehrt hat – er sei verflucht! (vgl. Galater 1,8). Auch die Jünger Petrus und Johannes bekennen einmütig: Es gibt keinen Mittler außer Jesus Christus. In ihm allein finden die Menschen das wahre Heil und den Segen für ihr Leben (vgl. Apostelgeschichte 4,12).

Nun etwas ganz Interessantes, was viele Seelsorger auch feststellen können. Menschen, die nicht die Maria, die Mutter des Herrn ehren, sondern eine Muttergottes anbeten, eine Himmelskönigin, bei denen tritt eigenartiger Weise immer dasselbe Symptom auf: Diese Menschen finden oft im Glauben keinen Frieden. Es sind sehr oft Menschen, die zwar streng religiös sind, sich aber sexuellen Ausschweifungen hingeben und ganz gebunden an eine mächtige Frau sind. Es sind Menschen, die sich gerne der Unzucht hingeben, aber eben immer wieder von dieser Frau abhängig sind. Es sind Menschen, die auch dem Alkoholismus verfallen sind, die oft schwere Depressionen haben. Das heißt aber nicht, dass alle Menschen, die Depressionen haben, hier einzugliedern sind. Es sind Menschen, die oft eine starke Angst vor Jesus haben, die sich auch gegen das Evangelium, gegen die Heilige Schrift stellen, weil sie an diese mächtige dämonische Frau gebunden sind. Es sind Menschen, die trotz vieler Gebete keinen Frieden haben und nicht die Kraft finden, sich zu versöhnen, wenn sie beten. Man könnte noch viele Symptome aufzeigen, die im Laufe der Zeit festgestellt worden sind. Darum möchte ich alle einladen, ihre Beziehung zu überprüfen: Danke ich Gott für Maria, die Mutter des Herrn? Bete ich Gott allein an, aber danke ihm für das Beispiel Marias? Ist mir Maria ein lebendiges Beispiel im Glauben, oder bete ich Maria an, das heißt, bete ich zu einer Himmelskönigin? Hier trennen sich die Christen von einem anderen Glauben!

Ich möchte euch sagen, liebe Brüder und Schwestern, dass das nicht von mir stammt. Ich denke manchmal, als Priester hat man eine große Verantwortung, und vielleicht muss ich demnächst schon vor den Richterstuhl Gottes treten, aber ich möchte nicht zu jenen gehören, die einfach eine uralte Tradition weitergeben, weil sie Angst haben. Ich glaube, wir sollten niemanden fürchten und ehren als Gott allein! Wie viele Menschen – heute – erkennen das? Auch Priester wissen ganz genau, dass sie, wenn sie von einer Himmelskönigin sprechen, im Grunde genommen den alten, alten Geist der Semiramis weitertragen; und sie wissen ganz genau, wie viele Menschen in diesem Glauben unglücklich bleiben, aber sie haben nicht die Kraft, Maria in den Mittelpunkt zu stellen, im Kontrast zur Himmelsgöttin. Ich möchte euch sagen, als Priester hat man die Verantwortung und die Pflicht, das zu lehren, was Gott, der Herr, gelehrt hat. Ich möchte darum bitten, dass niemand böse auf mich ist, ich sage nur das, was die Bibel sagt, und die Bibel ist Gottes Wort. Stellt euch vor, ich würde etwas anderes lehren – und das mit pathetischer Begeisterung – was käme da heraus? Die Menschen würden in ihrer Sünde und in ihrem alten Leben festgefahren bleiben und es brächte keinem Nutzen und Heil. Darum möchte ich uns einladen unser Glaubensleben zu prüfen und wenn man schon zornig sein will, dann auf Gott direkt, denn er ist der Herr!

28. August 1988:
Abflug nach Kenia

In den Gottesdiensten vom 20./21. August 1988 teilte ich der Pfarrgemeinde mit, dass ich nach Kenia fliegen werde, um meine Lebenssituation vor Gott neu zu überprüfen – »natürlich mit der Bibel unter dem Arm«, so sagte ich. Die Leute schmunzelten, denn ich war als »Bibeltätscher« bekannt. (Ein »Bibeltätscher« ist einer, der von der Bibel, von Gott und seinem Wort begeistert ist und immer wieder darauf hinweist.) Am 27. August 1988 reiste ich mit meiner früheren älteren Pfarrhaushälterin Rosa Fux nach Zürich. Am 28. August 1988 flogen wir nach Kenia zu ihrem Bruder Erwin, der sich dort als Rentner niedergelassen hatte. In seiner kleinen Buschlandprärie am Indischen Ozean, fernab vom kenianischen Hotel- und Touristenbetrieb, schöpften wir neue Kraft für das Kommende. Ich sah mich in dieser Zeit vor eine wichtige Entscheidung gestellt. Die inneren Kämpfe, denen ich von Jahr zu Jahr mehr und mehr ausgesetzt war, verlangten von mir eine Entscheidung, die unser katholisches Volk wohl nicht verstehen würde. Auf der einen Seite zeigte mir die Heilige Schrift ganz klar auf, dass das Heil nur in Jesus Christus geschenkt und gelebt wird. Auf der anderen Seite erkannte ich, wie die vielen religiösen Bräuche und Kirchenlehren Roms das Volk in einer großen Unwissenheit gefangen halten und von einem befreiten, geheilten und verantwortungsbewussten Christenleben abhalten. Mir wurde bewusst, dass mich gute Menschen, die mich bisher wie einen kleinen Gott verehrten, in die Unterwelt fallen lassen würden. Die Unkenntnis und die Unwissenheit gerade dieses einfachen katholischen Volkes und der Schmerz, dem sie durch meine Entscheidung ausgesetzt sein würden, hielt mich lange vor weiteren Schritten zurück.

In Kenia, im Oktober 1988, entschloss ich mich, den Bischof in Sitten aufzusuchen, um mit ihm die Möglichkeit zu besprechen, mich auf Ostern oder Sommer 1989, wenn die Pfarrversetzungen in der Diözese Sitten vorgenommen werden, aus dem Dienst zu entlassen. Meine Absicht war, in aller Stille das Wallis zu verlassen und als Christ nach der biblischen Lehre zu leben. Es sollte aber alles anders kommen!

Während meines Aufenthalts in Kenia zirkulierten unter den Geistlichen Abschriften meiner Marienpredigt. Als ich am 27. September 1988 zurückkam, informierte mich mein Pfarrvertreter, Pater Edi Horat, dass eine Predigt von mir im Umlauf sei und dass darüber gesprochen werde. Der Nachbarpfarrer wollte ihm aber die Kopie nicht aushändigen, was ihn skeptisch stimmte.

Was war geschehen? Generalvikar F. Lehner hatte eine Kassette der Marienpredigt erhalten und diese zu Papier gebracht, vervielfältigt und als Hetzkampagne gegen mich unter einigen Priestern verteilt.

Kaum war ich von Kenia heimgekehrt, besuchten mich unabhängig voneinander zwei Personen aus der Pfarrei und teilten mir mit, ich sei exkommuniziert. Ich lachte darüber und sagte ihnen: »Wenn ich anhand dieser Predigt oder irgendeiner Äußerung exkommuniziert werden sollte, dann müsste im Oberwallis beinahe jeder Geistliche unter das päpstliche Hackbrett.« Doch beide bestanden mit Vehemenz auf dem Gesagten.

13. Oktober 1988:
Gespräch um Maria in Saas-Grund

Nach meiner Rückkehr aus Kenia wartete eine Menge Arbeit auf mich, sodass ich nicht gleich ein Treffen mit dem Bischof vereinbaren konnte. Eines Tages rief Dekan Josef Zimmermann an, der im Dekanat Visp die Angelegenheiten zwischen Bischof und Klerus vertrat, und lud mich zu einem Gespräch nach Saas-Grund ein. An diesem Gespräch sollten er als Dekan, Rektor Stefan Schnyder, Spezialist für Kirchrecht, Generalvikar Franziskus Lehner und ich teilnehmen. Thema: Marienpredigt vom 15. August 1988. Ich bat den Dekan um eine Unterredung unter vier Augen. Er sagte, das sei leider nicht möglich, denn die Angelegenheit habe offiziellen Charakter. Ich fragte ihn: »Weshalb ein so großes Aufgebot?« »Der Bischof will es so haben«, war seine Antwort. Ich willigte ein.

Am Donnerstag, 13. Oktober 1988, fanden wir uns im Pfarrhaus von Saas-Grund ein. Der Generalvikar – bemüht, das Unbehagen aufzulockern – sprach lange über die Methode seiner Schlankheitskur. Als der Dekan dann zu Wort kam und zum eigentlichen Thema vorstieß, hüllte sich der Generalvikar für mehr als zwei Stunden in ein mysteriöses Schweigen, das mich skeptisch stimmte.

Bischof Heinrich Schwery hatte dem gerichtlichen Dreigestirn den Auftrag gegeben, mich über die Predigt vom 15. August zu hören und meine Haltung protokollarisch festzuhalten. Mir wurde der Vorwurf gemacht, dass ich in dieser Marienpredigt die Gottheit Jesu geleugnet habe.

Wenn Jesus Sohn Gottes sei, dann sei Maria Gottesmutter. »Wer nicht bekennt, das Maria Gottesgebärerin ist, der sei ausgeschlossen«, definiert das Konzil von Ephesus im Jahre 431. Wenn ich also Maria, die Mutter Jesu, nicht als Gottesmutter bezeichne, weil ich der Gefahr einer missratenen, unbiblischen Theologie mit verheerenden Auswirkungen in der Volksfrömmigkeit entgegenwirken möchte, so negiere ich keinesfalls die Gottheit Jesu. In dieser Marienpredigt habe ich lediglich aufzuzeigen versucht, dass ein himmelweiter Unterschied besteht zwischen der Mutter Jesu einerseits, wie sie uns die Zeugen ihrer Zeit schildern, die Evangelisten und Apostel, und den altertümlichen Muttergottheiten oder Himmelsköniginnen, mit Mutter und Sohn dargestellt, andererseits. Einige bedeutende Namen dieser Großen Mutter sind: in Assyrien Ischtar, die Frau, mit Tammuz, ihrem Sohn; in Ägypten Isis und Osiris; in Phönizien Astarot und Baal oder auch Tammuz; in Griechenland Aphrodite und Eros; in Rom Venus und Amor. Diese Art der Anbetung wurde in Babel geboren und ist sich über die Jahrtausende äußerst ähnlich geblieben. Kennzeichnend sind die beiden Mutter- und Sohnfiguren. Der Himmelskönigin wurden Kuchen gebacken und geweiht. Auch Weihrauchopfer wurden ihr dargebracht. Die Propheten haben im Auftrag des Herrn heftig gegen diesen Kult ermahnt. In Jeremia 44 erleben wir diese tiefgründige Auseinandersetzung zwischen Gott und seinem Volk: »Was das Wort betrifft, das du im Namen des Herrn zu uns geredet hast, so werden wir nicht auf dich hören, sondern wir wollen bestimmt all das tun, was aus unserem eigenen Mund hervorgegangen ist, der Königin des Himmels Rauchopfer darbringen und ihr Trankopfer spenden, so wie wir es getan haben, wir und unsere Väter, unsere Könige und unsere Obers-

Schwarze Madonna ohne Behang in der Kloster- und Wallfahrtskirche zu Einsiedeln.

ten, in den Städten Judas und auf den Straßen von Jerusalem« (Jeremia 44,16.17). In Apostelgeschichte 19 begegnen wir der gleichen Auseinandersetzung, als Paulus mit dem Artemiskult der Epheser in Konflikt gerät.

Ich wollte mit meiner Marienpredigt darauf hinweisen, dass die röm.-kath. Muttergottesverehrung aus Kulten vorchristlicher Völker stammt und mit der biblischen Marienverehrung nichts gemein hat. Im Nachhinein ist mir wohl bewusst, dass es nicht sehr klug von mir war, auf ein so heikles Thema in einer Predigt von 15–20 Minuten einzugehen. Im röm.-kath. Gottesdienst sollte sich die Predigt im Allgemeinen auf 7–12 Minuten beschränken, was Nichtkatholiken oft erstaunt.

Nach zwei Stunden Unterredung befanden wir uns in einer Verlegenheitssituation, denn was sollten sie nun protokollarisch festhalten. Ich teilte ihnen mit, dass ich unter diesen Umständen und nach all meinen priesterlichen Erfahrungen die Absicht hege, die röm.-kath. Kirche zu verlassen, und mich seit anderthalb Jahren immer weniger mit der konservativen Wende der kirchlichen Obrigkeit im Vatikan zu vorkonziliaren Zeiten identifizieren könne.

Nun brach der Generalvikar sein Schweigen und machte mir den Vorwurf, warum ich das dem Bischof noch nicht mitgeteilt habe. Ich versuchte ihm darzulegen, dass ich eins ums andere klären müsse, dass es meine Absicht sei, demnächst mit dem Bischof über meine Zukunft zu reden. Er fragte mich, ob er für mich mit dem Bischof ein Treffen organisieren könne, was ich bejahte.

Rektor Schyder stellte die, wie er sagte, diskrete Frage an mich, ob ich womöglich wegen des Zölibats gehen wolle. Ich konnte diese Frage verneinen, bewegten mich doch grundsätzlichere Glaubensfragen als das Problem der verpflichteten Ehelosigkeit.

Exkommunikation de facto festgestellt – Fristlose Entlassung

Schon in der Frühe des folgenden Tages – nach der Vorladung in Saas-Grund – rief der Generalvikar im Pfarramt von Grächen an, während ich in der Kirche das Messopfer feierte. Er teilte mir mit, dass der Bischof noch an diesem Freitagnachmittag ein Gespräch wünsche. Ich aber war für diese Zeit mit dem Leiterteam der katholisch-charismatischen Erneuerung in Zermatt zu einer Aussprache verabredet.

Laut Generalvikar kam für den Bischof als nächstes Datum der Samstagnachmittag in Frage. Am Samstag aber sollte ich einer Hochzeitsfeier eines Grächner Ehepaares in Mund vorstehen. Wir einigten uns auf Mittwoch, den 19. Oktober, um 14.00 Uhr.

Mit den besten Wünschen von Pfarreiangehörigen und einigen Leuten aus dem Bibelkreis des Dorfes ermutigt, fuhren Rosa Fux, die Stellvertreterin meiner Pfarrhelferin und mein Neffe Philippe, der gerade bei uns in den Ferien weilte, in die Hauptstadt. Vor der Abfahrt hatten wir uns zum Gebet versammelt und dem Herrn und Haupt der Gläubigen das Gespräch zwischen dem Bischof und mir übergeben.

Ich freute mich über die herangereifte Gesprächsnotwendigkeit. Ich war davon überzeugt, dass der Bischof nach einem brüderlichen Meinungsaustausch – bei dem es ja wohl um mehr gehen sollte als bloß um religiöse Meinungen von zwei Menschen – mit mir zusammen eine vernünftige Lösung finden würde, die ihm als Bischof, der Pfarrei und auch mir einen unauffälligen, friedlichen Werdegang für Frühjahr oder Sommer 1989 bringen sollte.

Zwei mir nahestehende Bekannte nötigten mich in der Pfarrwohnung, das Gespräch mit dem Bischof auf Band festzuhalten. Es könne mir zum Schutze dienen. Ich wehrte ab, denn was sollte ich nur fürchten. Ich liebte den Bischof. Er hatte ja viel Eifer für Gott, darin war er mir oft ein Vorbild. Sie beharrten darauf.

Unvoreingenommen betrat ich das bischöfliche Palais in Sion. Nachdem ich im Empfangssalon eine Viertelstunde gewartet hatte und etwas aufgeregt das Band in der Jacke in Gang setzte, wurde ich zur Bibliothek geladen. Zu meinem großen Erstaunen nahm ein mir unbekannter Herr mit einer Schreibmaschine zu meiner Linken Platz. Zuoberst postierte sich der Bischof und mir gegenüber installiert sich der Generalvikar. ›Der Generalvikar hat mich in eine Falle gelockt‹, so dachte ich! Dies löste bei mir tiefe Betroffenheit aus und blockierte mich für eine offene und vernünftige Aussprache, die nach einer Dreiviertelstunde mit der Exkommunikation enden sollte. Anstelle des abgemachten Zwiegespräches mit dem Bischof zeichnete sich nun ein kirchengerichtliches Schnellverfahren ab.

Einige wesentliche Begebenheiten möchte ich im Folgenden darlegen:

Bei der Begrüßung warf der Bischof die Arme hoch und sagte: »Ich habe viele Anklagen gegen Sie erhalten!« Ich wurde gebeten, Platz zu nehmen.

Der Bischof fuhr fort: »Es war vorgesehen, dass auch der Generalvikar und Herr Gillioz anwesend sind, um mir beizustehen, um von diesem Gespräch eventuelle Notizen zu nehmen. Wenn ich richtig informiert bin, dann ist diese Sache so schwer, dass ich dieses Protokoll brauche … wenn ich alles zusammenfasse, könnte ich Ihre Homilie vom 15. August wie folgt zusammenfassen: ›*Ich, Gregor Dalliard, kann Maria nicht den Titel* ›*Gottesmutter*‹ *geben, trotz des Konzilbeschlusses von Ephesus [431 n. Chr.] und trotz der Lehre der Kirche, weil ich mich einzig an die Wahrheiten halten will, die mir explizit [ausschließlich] durch die Bibel vermittelt werden.*‹ So habe ich es verstanden; ist das richtig?«

Ich versuchte den Anwesenden darzulegen, dass ich lediglich den Unterschied hervorheben wollte zwischen Maria, der Mutter Jesu, im biblisch-christlichen Sinn und der Muttergottes im heidnischen Sinn, wie er im Kult der katholischen Theologie und Volkspraxis zum Ausdruck kommt!

Der Bischof verlangte von mir ein objektives Ja oder Nein zu dieser Glaubenslehre der Kirche, als *de fide definitum* (unumstößliche, zum Heile notwendige Glaubenswahrheit der röm.-kath. Kirche). Weder Jesus Christus noch Petrus und Paulus, noch Maria, noch irgendein biblischer Zeuge spricht von einem solchen Titel und einem solchen Muttergotteskult. Darum musste ich mit Nein antworten.

(Auf dem Konzil von Ephesus sollte die Gottheit Jesu gegenüber der Lehre des Bischofs Nestorius geklärt und festgelegt werden. Das Konzil definierte: »Jesus Christus ist wahrer Gott und wahrer Mensch.« Aus dieser Definition schufen theologische Spekulanten die Folgerung: »Wenn Jesus wahrer Gott ist« – was wir ja als Christen glauben – »dann muss Maria Gottesgebärerin und damit Gottesmutter sein.« Das Konzil machte diese Aussage zu einer heilsnotwendigen Lehre [Dogma]. Im Zusammenhang mit den antiken Muttergottheiten, ihren jeweiligen Söhnen und deren Bedeutung öffnete diese unbiblische, auf theologische Spekulationen beruhende Schlussfolgerung Tür und Tor für religiöse Phantasie und gotteslästerlichen Muttergottesfanatismus.

So lehnen die Christen weltweit diesen religiösen gotteslästerlichen Muttergotteskult als Irrlehre ab, der vor allem von der katholischen Kirche in ihren unzähligen Formen der Anbetung in der Volkspraxis, in liturgischen Äußerungen, Zeremonien, Festen und Dogmen praktiziert wird. Darum bleiben die Christen Gottes Wort gehorsam und treu. Sie ehren Maria, die Mutter Jesu, als Vorbild des Glaubens und lehnen damit jede theologische Marienspekulation als unbiblisch ab!)

Der Bischof wandte ein: »Das ist Häresie (Irrlehre)!« Damit entschied er sich nach katholischem Muster gegen Jesus Christus und die Lehre der Apostel. Das tat mir sehr weh!

Mit betonter Stimme hob der Bischof hervor: »Was halten Sie dann vom Lehramt der Kirche? Was kann oder muss die Kirche, die Hierarchie, d.h. die Bischöfe, im Lehramt als Glaubenswahrheiten festlegen, so wie sie die Kirche von der Heiligen Schrift durch die Tradition erläutert?«

Ich entgegnete: »Ich habe da wie jeder andere auch meine Bedenken. Es gibt Dinge, die ich annehmen kann, und Dinge bei denen ich ein Fragezeichen setze, weil diese Lehren mehr aus den geschichtlichen Umständen herausgewachsen und biblisch nicht fundiert sind.«

Der Bischof fragte: »Man könnte also Widersprüche sehen zwischen dem, was die Bibel lehrt und dem, was das Lehramt der Kirche sagt?«

»Ja.«

»Widersprüche?«

»Ja, das ist doch nichts Neues; ich meine, dass es da Widersprüche gibt. Das zeigt uns die Geschichte zu offensichtlich.«

»Das ist Ihre Meinung, nicht die meinige!«, bemerkte der Bischof.

»Ja, meine Meinung«, bestätigte ich.

»Aber wie können Sie dann einen solchen Auftrag im Namen der Kirche ausüben?«

»Das weiß ich ja, deshalb habe ich ja dem Herrn Generalvikar gesagt, dass ich jetzt ohne lange zu diskutieren und zu streiten einfach den anderen Weg gehen muss.«

(Meine Absicht war, mit dem Bischof allein über die Widersprüche zwischen dem Lehramt der Kirche und dem, was uns Jesus Christus und die Apostel in der Bibel auftragen, zu sprechen.

Wenn der Bischof mir erlauben würde, im Geiste der kirchlichen Pluralität und im Geiste der Öffnung des 2. Vatikanischen Konzils nach der biblischen Lehre zu predigen und praktizieren, dann wäre ich gerne Pfarrer von Grächen geblieben.

Jetzt aber, in Anwesenheit des Generalvikars und des kirchlichen Juristen erschien mir der Bischof wie ein ganz anderer Mensch – ein Fremder! Ich empfand, dass er mit mir nicht frei umgehen konnte.

Wie die meisten Theologen, so weiß auch der Bischof, dass zwischen der Lehre der römischen Kirche und der Bibel, also der Lehre Jesu und der Apostel, sehr viele Widersprüche bestehen. Der Bischof schien mir wie von zwei Beobachtern, Agenten, umgeben. Jetzt begegnete ich einem Funktionär, dessen Aufgabe es war, »im Namen Gottes« mit allen Mitteln Gottes Wort, die Autorität Jesu und die der Apostel zu untergraben, obwohl ich wusste, dass er im Herzen christlich dachte und fühlte. Das stimmte mich sehr traurig.)

Der Bischof bekundete sodann: »Ja, was das Lehramt der Kirche betrifft, haben wir jetzt von Ihnen ein Wort, das mehr oder weniger klar ist. Das genügt!«

Wir kamen auf meine Beziehungen zu freien Christen bzw. Freikirchen zu sprechen. Im ökumenischen Sinn des 2. Vatikanischen Konzils pflegte ich Kontakte mit freikirchlichen Christen. Im Dekret über den Ökumenismus ermahnt das 2. Vatikanische Konzil die Katholiken, mit Eifer am ökumenischen Werk teilzunehmen: »Daher mahnt dieses Heilige Konzil alle katholischen Gläubigen, dass sie, die Zeichen der Zeit erkennend, mit Eifer an dem ökumenischen Werk teilnehmen. Unter der ›Ökumenischen Bewegung‹ versteht man Tätigkeiten und Unternehmungen, die je nach den verschiedenartigen Bedürfnissen der Kirche und nach Möglichkeit der Zeitverhältnisse zur Förderung der Einheit der Christen ins Leben gerufen und auf dieses Ziel ausgerichtet sind. Dazu gehört: Zunächst alles Bemühen zur Ausmerzung aller Worte, Urteile und Taten, die der Lage der getrennten Brüder nach Gerechtigkeit und Wahrheit nicht entsprechen und dadurch die gegenseitigen Beziehungen mit ihnen erschweren; ferner der ›Dialog‹, der bei Zusammenkünften der Christen aus verschiedenen Kirchen oder Gemeinschaften, die vom Geist der Frömmigkeit bestimmt sind, von wohl unterrichteten Sachverständigen geführt wird, wobei ein jeder die Lehre seiner Gemeinschaft tiefer und genauer erklärt, sodass das

Charakteristische daran deutlich hervortritt. Durch diesen Dialog erwerben alle eine bessere Kenntnis der Lehre und des Lebens jeder von beiden Gemeinschaften und eine gerechtere Würdigung derselben. Von hier aus gelangen diese Gemeinschaften auch zu einer stärkeren Zusammenarbeit in den Aufgaben des Gemeinwohls, die jedes christliche Gewissen fordert, und sie kommen, wo es erlaubt ist, zum gemeinsamen Gebet zusammen. *Schließlich prüfen hierbei alle ihre Treue gegenüber dem Willen Christi hinsichtlich der Kirche und gehen tatkräftig ans Werk der notwendigen Erneuerung und Reform ...*«[1] (Hervorhebung durch den Autor).

»Man darf auch nicht übersehen, dass alles, was von der Gnade des Heiligen Geistes in den Herzen der getrennten Brüder gewirkt wird, auch zu unserer eigenen Auferbauung beitragen kann. Denn was wahrhaft christlich ist, steht niemals im Gegensatz zu den echten Gütern des Glaubens, sondern kann immer dazu helfen, dass das Geheimnis Christi und der Kirche vollkommener erfasst werde.«[2]

»Ohne Zweifel müssen die katholischen Gläubigen bei ihrer ökumenischen Aktion um die getrennten Christen besorgt sein, indem sie für sie beten, sich über kirchliche Angelegenheiten mit ihnen austauschen, den ersten Schritt zu ihnen tun.«[3]

»Ihre [der Katholiken] ökumenische Betätigung muss ganz und echt katholisch sein.«[4]

... Wenn ich das freikirchliche Engagement der Jugendlichen mitverfolge, taucht bei mir immer wieder die Ohnmacht, das Abseitsstehen der katholischen Obrigkeit der Jugend und ihrem Suchen gegenüber auf und wie dieses Engagement auch innerhalb der katholischen Jugend verhindert wird – aus Angst!

Ich hatte schon viele Bücher über die Freikirchen gelesen und ihr Leben beobachtet, wie sie sich im Unterschied zu den Sekten an die Bibel allein halten und keine neuen Lehren zu glauben gebieten.

Darum kannte ich auch ihr intensives Gebetsleben, Gebetserhörungen und tägliches Leben der Nachfolge. Ihre Treue und Versöhnlichkeit in der Familie und auf dem Arbeitsplatz, ihr Ausharren in leidvollen Zeiten des Lebens beeindruckten mich sehr. Durch die ganze 2000-jährige Geschichte des Christentums haben sie sich weitgehend darin ausgezeichnet. Sie waren – und sind – damit auch ständig dem Hass und der Verfolgung der Päpste ausgesetzt.

Ich erklärte: »Da ich die Freikirchen gut kenne, weil ich aufgrund ihrer Erfolge ein Interesse an ihrem Arbeiten und Wirken bekam, hatte ich bisher keineswegs in böser Absicht mit ihnen Kontakt gehabt. Diese wenigen Kontakte sind mir in den letzten Jahren so ausgelegt worden, als wäre ich sogar Mitglied von einer dieser Freikirchen … Ist es nötig, wenn wir so viele junge Menschen mit ihren Fragen und Problemen kennen, wie sie innerhalb der röm.-kath. Kirche leben, ist es da nötig, dass ich so viele Lehren und Dogmen mitziehe und immer wieder mitziehen muss? Ich spüre unter kirchlich engagierten jungen Menschen immer wieder so viel Widerstand gegen diese unbiblischen Dinge, dass ich mehr und mehr zur Überzeugung gelangt bin, das alles braucht es nicht: Christus verlangt den Glauben an ihn, um selig zu werden. Das andere ist ein Mittel, um sie gerade im Glauben an Jesus zu hindern. So habe ich mich innerlich mehr und mehr von diesen kirchlichen Hindernissen gelöst, habe mir aber immer wieder gesagt, Versuche innerhalb dieser Kirche zu wirken. Nicht in böser Absicht, um mich irgendwann von dieser Kirche zu lösen, sondern in der Hoffnung, dass sich diese kirchliche Obrigkeit einmal dem Anliegen Jesu ganz öffnen würde.

In diesem Sommer nun sah ich mich neu vor eine Entscheidung gestellt, nachdem sich in den letzten Jahren mehr und mehr eine Entwicklung in der röm.-kath. Kirche abzeichnet, die – statt zu Christus hin – zurück in die Dogmen flüchtet, aus Angst! Vor allem seit zwei Jahren bestätigen verschiedene Erfahrungen diese Entwicklung.«

»Gut,« antwortete der Bischof, »diese Serien von Fragen waren für mich eher gut als Versuch, Sie zu verstehen. Ich habe den Eindruck, es ist sehr schnell, zu schnell, entschieden worden.«

Der Bischof kam nun auf die Taufe zu sprechen und sagte: »Sie sprechen von der Praxis, ich habe etwas gehört – stimmt das, oder stimmt das nicht? Sie sind der Meinung, dass ein echter Christ die Kindertaufe ablehnen und die Erwachsenentaufe befürworten muss?«

Ich antwortete: »Wenn wir die Menschen so serienweise taufen, habe ich jedesmal das Gefühl, dass wir eine persönliche grundlegende Entscheidung für Christus und seine Botschaft verhindern. Die Kindertaufe verhindert diese Entscheidung. Ich sehe darin ein großes Hindernis. Ich bin von der Praxis her davon überzeugt, dass wir jenen Menschen, die nur eine oberflächliche Beziehung zu Christus leben, zu diesem Zustand verleiten und uns damit schuldig machen.

Bei jeder Kindertaufe spürte ich mehr und mehr einen inneren Widerstand gegen diese unchristliche

Praxis. Wenn Petrus am Pfingsttag den Zuhörern sagt: »Tut Buße und jeder von euch lasse sich taufen auf den Namen Jesu Christi zur Vergebung eurer Sünden und ihr werdet die Gabe des Heiligen Geistes empfangen« (Apostelgeschichte 2,38), ist das jenes äußere Zeichen, das die innere Haltung und Überzeugung ausdrückt: Jetzt will ich öffentlich zu Jesus Christus und zu seiner Lehre stehen. Wie schön wäre das, wenn wir das auch in der röm.-kath. Kirche praktizieren könnten. Viele junge Menschen sagen mir, sie wünschten so sehr, sich wirklich vom alten Leben loszusagen, dies aber auch äußerlich in der Taufe, gemäß der Lehre Jesu und der Apostel, bezeugen zu können. Ich habe diesen jungen Leuten bis jetzt immer gesagt, dass das nicht geht, weil man römisch-katholisch getauft sei! Sie diskutierten immer wieder über diese Frage der Taufe und konnten nicht verstehen, dass wir als Priester nicht das über die Taufe aussagen, wie Jesus und seine Jünger es erwarten – sie einfach belügen. Ich wusste, dass ich ihnen anhand biblischer Aussagen immer mehr zustimmen musste. Ich glaube, die Kirche braucht die Zeugnisse derer, die sich bewusst zu Christus stellen.«

Der Bischof stellte mir die Frage: »Haben Sie in diesem Zusammenhang persönlich die Absicht, sich wieder taufen zu lassen?«

(Über diese Frage des Bischofs war ich erstaunt, denn es war nur einige Wochen her, dass wir in Bibelstunden offen über die Glaubenstaufe sprachen. Zu diesem Zeitpunkt wussten wir noch nicht, dass sich überall Erwachsene aus der röm.-kath. Kirche heimlich nach der urchristlichen Absicht, nach der Lehre unserer christlichen Vorväter, im Glauben taufen lassen. Sie vollziehen diesen Glaubensakt heim-

lich, weil sie glauben, sie hätten einen Auftrag innerhalb der katholischen Kirche zu erfüllen und auch
aus Angst vor Verfolgung von Seiten der röm.-kath.
Obrigkeit. Jesus verlangt ein offenes Bekenntnis, ihn
sollen wir damit ehren. Menschenfurcht kommt einem Verrat an Jesus gleich.

Nun fragte mich der Bischof nach meiner Absicht,
was mir unweigerlich ein Schmunzeln entlockte.)

»Ja«, antwortete ich ihm, »wenn ich ehrlich sein
will, ja.«

»Das habe ich schon gehört, deshalb frage ich ja«,
meinte der Bischof. »Wissen Sie, dass ein solcher
Schritt Ihre Priesterweihe tief in Frage stellt? *Was ist
ihre Theorie der Sakramente?*«

Ich erwiderte darauf: »Die ganze Lehre Jesu und
der Apostel ist Sakrament. Die Art und Weise, wie
wir sie auslegen und Heilsgaben Jesu einengen und
in rein pflichtgemäßen und religiösen Übungen ab-
fertigen – abgeschlossen, erfüllt, erledigt – das widerspricht Jesu Absicht. Die konkrete Praxis, wie man
mit Gottes Willen umgeht, das macht mir zu schaffen.

Ich erfahre, wie das Volk offen ist für den Willen
Jesu, aber von oben verhindern wir diese Offenheit,
das zerreißt mich manchmal. Entschuldigen Sie, Herr
Bischof, aber ich habe immer mehr den Eindruck,
dass wir im Grunde genommen unter den Menschen
›im Namen Gottes‹ gegen Gott arbeiten. Verzeihen
Sie diese Offenheit, aber ich kann das auf die Dauer
mit meinem Gewissen nicht mehr vereinbaren.«

Darauf antwortete der Bischof: »Ja, ich kann schon
sehr viel von Ihren Gründen, von Ihrer Motivation
verstehen, aber was ich nicht begreifen kann: Warum können Sie nicht sehen, dass diese Kritiken, die

Sie der Kirche oder der Tradition gegenüber haben, mir nie einen echten Grund geben würden, um meinen röm.-kath. Glauben in Frage zu stellen? Ich habe den Eindruck, dass Sie in Ihrem Glauben nicht mehr katholisch sind.«

»Ich weiß wohl«, antwortete ich dem Bischof, »dass ich nicht mehr ganz katholisch bin.«

»Aber sind Sie sich wirklich über das bewusst, was Sie hier sagen?«

»Dies ist ein innerer Kampf, der mir den Widerspruch der röm.-kath. Lehre von der Lehre Jesu her in einer immer größeren Liebe und Treue zu seinem Wort offenkundiger werden ließ. Ich weiß nicht, ob Leute, die blind der katholischen Lehre verfallen sind, auf die Dauer einen Pfarrer ertragen, der diese Widersprüche zum Evangelium aufdeckt, vor allem bei besonderen traditionellen Kirchenfesten. Damit stelle ich mich nicht gegen Sie persönlich, Herr Bischof. Es ist meine persönliche Entscheidung.«

»Finden Sie diese Radikalität des Evangeliums in der traditionellen Kirche nicht? Ist das nicht ein bisschen utopisch?«

Der Bischof wandte sich Herrn Gillioz, dem Kirchenrechtler, zu und fragte ihn, ob er noch Fragen zu stellen hätte oder ob das für ihn klar genug sei. Dieser antwortete: »Es ist genug Beweismaterial da.«

»Gut, wir machen keinen Prozess«, fuhr der Bischof fort. »Ich möchte nur noch die letzte Frage wissen, sie ist mir wichtig. *Sind Sie sich bewusst, dass Sie jetzt vor einer Wahl stehen, wo Sie zwischen zwei Wegen zu wählen haben:* Entweder treu zur Kirche, aber dann muss ich sehr viel Verbesserungen oder Korrekturen dessen, was Sie glauben, verlangen oder Sie gehen Ihren eigenen Weg, aber außerhalb der

Mittelalterliche Folterszene, als gewaltsame Bekehrung zum römisch-katholischen Glauben von der Kirche »im Namen Gottes« praktiziert.

katholischen Kirche. Ein Prozess hat keinen Sinn. Ist Ihre Wahl endgültig, definitiv?«

Ich versicherte: »Ich kann nicht anders, meine Entscheidung ist so herangereift. Ich bin der Überzeugung, dass mir die Erfahrungen der vergangenen elf Jahre dazu verholfen haben. Ich sehe das positiv. Ich bin niemandem böse; im Gegenteil, alles hat seinen Sinn und seine Zeit. Es hat so sein müssen und ich bin der Überzeugung, dass es so richtig ist.«

Herr Gillioz las noch bestimmte Notizen als Aussagen von mir, wobei ich einige Male Einspruch erheben musste, damit Aussagen nicht aus ihrem sinngemäßen Zusammenhang gerissen würden. Anschließend fragte der Bischof die beiden Zeugen: »Was machen wir jetzt? Ich habe den Eindruck, dass Sie mindestens in den letzten Monaten Ihre Aufgabe als Pfarrer missbraucht haben.« Noch einmal kam der Bischof auf die Unfehlbarkeit der röm.-kath. Kirchenlehre zu sprechen, worauf ich ihm mit »teils, teils« antwortete.

(Immer noch in der Hoffnung, dass ich anschließend an dieses Gespräch mit dem Bischof allein über meine Zukunft sprechen kann, erkenne ich jetzt von Sekunde zu Sekunde mehr denn je, dass ich auf die Dauer nicht mehr in diesem kirchlichen System weiterwirken kann. Ich denke aber doch, dass zum Nutzen aller und vor allem aus meiner Liebe zum Bischof die weiteren Schritte miteinander besprochen werden sollten.)

Auf die direkte Frage des Bischofs: »Was werden Sie dann tun?«, antwortete ich in meiner Verlegenheit – da ich selbst ja noch nicht wusste, wie es weitergehen sollte. »Ich werde Arbeit suchen (im christlichen Engagement), indem ich weiterhin Menschen den Weg Jesu aufzeige, sowohl Katholiken wie Reformierten, zusammen mit den Freikirchen.« Keinen Augenblick dachte ich an das, was nun so plötzlich über mich hereinbrach. Der Herr Generalvikar, der die ganze Zeit über unbeweglich und mäuschenstill den Ablauf dieser Prozedur mitverfolgt hatte, wurde nun quicklebendig und suchte in der Bibliothek aufgeregt nach Büchern. Da wurde Literatur geholt, Kanones und Paragraphen herunterzitiert, auf lateinisch, französisch und deutsch. Die bischöfliche Stimme donnerte auf mich ein: »Ab Mitternacht sind Sie nicht mehr Pfarrer von Grächen. Ich verbiete Ihnen jegliche Tätigkeit. Wir spielen kein Theater.«

Erstaunt und schockiert fragte ich: »Dann werde ich morgen keine Messe mehr lesen?« Ich dachte dabei an die Reaktion der Grächner, die durch dieses plötzliche Vorgehen fassungslos sein würden.

Der Bischof fuhr fort: »Verlassen Sie das Pfarrhaus so schnell wie möglich. Falls Sie finanzielle Schwierigkeiten haben sollten, können Sie sich an mich wenden. Sollten Sie neben dem Pfarrhaus wohnen und sich irgendwie betätigen, werde ich Maßnahmen gegen Sie ergreifen müssen.«

Nach dieser letzten Aussage verlor auch ich die Nerven und antwortete mit großer Verlegenheit: »Dann lassen Sie das wenigstens meine Sache sein!«

Es wurde nun ein Protokoll vorgelesen, das mir, in seiner Abfassung und Formulierung eigenartig und z.T. aus dem Zusammenhang gerissen, vorgelegt wurde.

Der unbekannte Herr zu meiner Linken, Herr Gillioz, schien in der deutschen Sprache nicht besonders bewandert zu sein. In dieser sehr eigenartigen Atmosphäre wurde ich aufgefordert, das Stück Papier zu unterzeichnen, nachdem es vorgelesen wurde. Ich befand mich in einem verlegenen Zustand und dachte mir, was dieses Zeug nur sollte. Ich maß ihm keine Bedeutung mehr zu und unterschrieb es. Und raus war ich!

N.

ÉVÊCHÉ   BISCHÖFLICHES
DE   ORDINARIAT
SION   SITTEN

Rue de la Tour 12 CP 2068 1950 Sion 2 Tél. 027/23 18 18

Betrifft: GREGOR DALLIARD

Sitzung vom 19.10.1988

Der 9. Oktober 1988 erscheint im Bischofshaus von Sitten
vor dem H.H. Bischof Heinrich Schwery und dem Generalvikar
Franziskus Lehner und dem unterschriebenen Sekretär
Herr Gregor Dalliard, Pfarrer von Grächen. Auf die Fragen
antwortet H. Dalliard:

1.   Ich kann den Glauben an Maria nicht annehmen, wie die
    Kirche es annimmt und praktiziert, zum Teil wenigstens.

Der Bischof spricht von den Folgen der Häresie, zitiert u.a.
can. 194.
Er fügt hinzu, die materiellen Fragen können diskutiert werden,
sagt aber klar: "Von heute an sind Sie nicht mehr Pfarrer von
Grächen."
H. Dalliard nimmt es an und sagt, er werde also morgen die
Messe nicht lesen, nach der erklärenden Antwort des Bischofs.
Der Text wurde vorgelesen und unterschrieben.

Franziskus Lehner, Generalvikar.   Gregor Dalliard.

+Heinrich Schwery.

Gabriel Gillioz, not.

Protokoll der Sitzung vom 19. 10. 1988

52

Bischof Heinrich Schwery und Generalvikar Franziskus Lehner

Vor dem bischöflichen Palais blieb ich stehen. Mit dem Rücken zum Palais gelehnt und den Blick zur Kathedrale gewandt, fragte ich mich: »Was ist denn soeben überhaupt geschehen?« Das Buch der Christen, die Bibel, habe ich nicht gesehen. Das Wort Jesu wurde hier nicht zu Rate gezogen. Ja, es wurde ihm unter der Last der vielen röm.-kath. Kirchenrechts- und Gelehrtenbücher schon längst vor langer, langer Zeit der göttliche Lebensatem für Zeit und Ewigkeit

53

entrissen, obwohl sie alle den Namen Gottes ständig im Mund führen. Weltliche Maßstäbe, in göttlich stellvertretenden Parolen eingehüllt, erwiesen sich bis heute als vorteilhafter und gründlicher.

»Was mache ich jetzt? Wohin gehe ich jetzt?« Für einige Stunden empfand ich tiefen seelischen Schmerz und fühlte mich einsam und verlassen.

»Wie sollte ich nun vorgehen? Ich muss doch zurück nach Grächen. Wie soll ich die Leute über das Vorgefallene informieren? Die Pfarreiangehörigen – viele von ihnen werden verwirrt sein. Die Leute müssen doch glauben, ich hätte ein schweres Verbrechen begangen!« Solche und ähnliche Gedanken schwirrten in meinem Kopf herum.

Meine ältere Pfarrhelferin Rosa und mein Neffe Philippe erwarteten mich im Restaurant EPA. Ich trank eine Ovo. Wir fuhren zu meiner Schwester Maria nach Siders. Sie glaubte uns nicht und sprach prophetisch: »Jesus hat dich nicht exkommuniziert!« Da fiel es mir wie Schuppen von den Augen und Ruhe kehrte bei mir ein.

Inzwischen hatte der Generalvikar den Laientheologen in Grächen über meine Exkommunikation informiert. Als wir bei Nacht nach Grächen zurückkehrten, befanden wir uns alle in einem Kreis von Enttäuschten, aber doch auch in jener gottnahen Gewissheit, dass der Herr uns in diesen orkanartigen Stürmen, die über unsere Gemüter dahinbrausen sollten, erhalten würde. Wir erholten uns im Gebet und die Dinge überstürzten sich.

Am 21. Oktober 1988 schickte Bischofsvikar André Berchtold folgendes Schreiben mit der Exkommunkationsschrift an alle Pfarrämter und Geistliche der Diözese Sitten (Sion).

Sitten, den 21. Oktober 1988

Liebe Mitbrüder,

Schweren Herzens müssen wir Euch heute das beigelegte Dekret
zur Kenntnis bringen. Auslöser der ganzen Sache war die Predigt
von Herrn Pfarrer Gregor Dalliard am 15. August dieses Jahres,
die wohl vielen von Euch bekannt sein dürfte. Zwei Befragungen
durch eine Kommission (Dekan Josef Zimmermann, Rektor Stefan
Schnyder und dem Generalvikar als Zeugen) und durch den Bischof
selber, in Gegenwart von Domherr Gabriel Gillioz als Protokoll-
führer und dem Generalvikar als Zeugen, ergaben, dass die
Glaubenskrise von Herrn Pfarrer Dalliard viel tiefer ging als
um das Thema der obgenannten Predigt. Sie zeigten auch auf,
dass der Entschluss unseres Mitbruders, was seine Zukunft an-
belangt, schon gefasst und definitiv war.

Wir schicken Euch dieses Dekret, das an Hand der gegebenen
Situation getätigt werden musste, zu Euer persönlichen Information.
Wir bitten Euch es vertraulich zu behandeln und es nicht anderen
Leuten weiterzugeben.

Begleiten wir unseren Mitbruder mit unserem Gebet und nehmen
wir ihn mit in unserer mitbrüderlichen Liebe.

Mit lieben Grüssen und Segenswünschen.

André Berchtold,
Bischofsvikar.

Exkommunikation de facto mit fristloser Entlassung – Bestätigung

SPIRITUS DOMINI
GAUDIUM ET SPES

HEINRICH SCHWERY

BISCHOF VON SITTEN

Nach einer gründlichen Befragung und einer letzten Unterredung mit dem Bischof, hat Pfarrer Gregor Dalliard folgendes erklärt:

* dass er den katholischen Glauben nicht mehr in seinem vollen Umfang annehmen könne;
* dass er sich bewusst sei, gegenüber der Kirche sich in einer häretischen Lage zu befinden;
* und dass er deshalb nicht mehr im Stande sei, sein Amt als Pfarrer weiter auszüüben, das ihm anvertraut wurde.

*

Nach dem Scheitern verschiedener Versuche, die in Klugheit, im Geiste der Nächstenliebe und mit allem Respekt vor den Personen vorgenommen wurde, muss nun, im Einverständnis mit dem Betroffenen, das Kanonische Recht angewandt werden. Der Bischof von Sitten

BESCHLIESST:

1. Herr Gregor Dalliard ist irregulär, das heisst, er hat sich durch sein Verhalten ein dauerndes Hindernis zugezogen, das es ihm unmöglich macht, irgend ein Recht der Weihe auszuüben (Can. 1044 § 2).

2. Herr Gregor Dalliard wird von Rechts wegen von allen kirchlichen Aemtern enthoben; er hat also kein Mandat als Pfarrer mehr. (Can. 194 § 1.2°)

3. Diese Entscheidungen treten sofort in Kraft, das heisst von Mitternacht des 19. Oktobers 1988 an. (Can. 194 § 2)

*

Ich lade alle Gläubigen ein, dem Glauben der Kirche treu zu bleiben, für einander zu beten und in brüderlichen Liebe das grosse Gebot der Nächstenliebe zu üben.

Sitten, den 19. Oktober 1988

+Henrich Schwery,
Bischof von Sitten.

André Berchtold,
Bischöflicher Kanzler.

Bestätigung der Exkommunikation de facto

56

Der Gerichtsbeschluss des bischöflichen Ordinariats lautete:

Kanon 1044 § 2: »An der Ausübung der Weihen gehindert ist:

1. wer, beim Weiheempfang mit einem Hindernis behaftet, die Weihen unrechtmäßig empfangen hat;
2. *wer an Geisteskrankheit oder einer anderen psychischen Erkrankung ... leidet*«[5] (Hervorhebung durch den Autor).

Vor allem in den drei Lehrauffassungen bezüglich der Muttergottes, des unfehlbaren Lehramtes in Glaubens- und Sittenfragen und der Taufe glaubte ich nicht mehr gemäß röm.-kath. Doktrin. Damit habe ich mich nach röm.-kath. Lehre de facto – durch mein Verhalten – aus der röm.-kath. Gemeinschaft ausgeschlossen. War dies aber ein Grund, mich deswegen mit dem Rufmord Kanon 1044 § 2 zu versehen und für geisteskrank oder an psychischer Erkrankung leidend zu erklären?

In der Sitzung vom 27. Oktober 1988 in Grächen in Anwesenheit des gesamten Gemeinderates (politische Gemeinde), dem Gemeindeschreiber, den Vertretern des Pfarreirates und in Anwesenheit von Dekan Josef Zimmermann hat der Generalvikar auf meine Frage hin, ob ich eigentlich exkommuniziert sei oder nicht, Folgendes zu Protokoll gegeben. Ich zitierte aus dem Protokoll vom 27. Oktober 1988: »Der Generalvikar antwortet folgendermaßen: Herr Dalliard sei nach Kirchengesetz exkommuniziert, der Bischof habe jedoch dieses Wort ›offiziell vermeiden‹ wollen.«

Der Generalvikar sagte im übrigen mehrmals bei

Gesprächen, dass nur zwei für mich positive Briefe beim Ordinariat eingegangen seien sowie eine Kassette mit der Marienpredigt vom 15. August 1988. Er wüsste von keinen Anklagen gegen mich.

Während der »PLO-Sitzung« (Priester und Laien Oberwallis) vom 3. November 1988 äußerte der Generalvikar, »... es bestehe in Sitten auch kein Dossier über Herrn Dalliard«.

Auch ein Ratsmitglied der Gemeinde Grächen wünschte sich Einblick in mein Dossier in Sitten, doch auch er erhielt die Antwort, dass in Sitten kein Dossier über Pfarrer Dalliard bestehe.

Bei der Begrüßung in Sitten beteuerte mir der Bischof, dass er viele Anklagen gegen mich erhalten habe, doch wurde mir keine vorgelegt!

Die Frage kann nicht ausbleiben: Hat das bischöfliche Ordinariat wirklich nicht damit gerechnet, dass eine so abrupt vollzogene Handlung mit der Begründung von Kanon 1044 § 2 – ohne psychiatrisches Gutachten, ohne vorherige Gespräche, weder mit dem Pfarreirat noch mit dem Gemeinderat von Grächen, noch in einer Priesterversammlung – die Umwelt hellhörig werden lässt? Wie sollte die Öffentlichkeit – und selbst Priester – die Handlungsweise rechtfertigen können, nachdem von Kanon 1044 § 2 und anderem die Rede war, das von einer eingehenden Prüfung und nach röm.-kath. Kirchenrecht von einer unbedingten Zeitspanne hätte begleitet werden müssen?

Wie nimmt das ein Journalist auf, wenn ihm ein Sprecher des Ordinariates im folgenden Sinn sagt: »Er ist exkommuniziert, aber gebrauchen Sie dieses Wort in der Öffentlichkeit nicht?«

Das bischöfliche Ordinariat in Sitten hat sich bis

heute einer öffentlichen Stellungnahme entzogen. Auf diese Art und Weise hätte es den Grund seines Handelns darlegen können. Ich bin nach wie vor von der Notwendigkeit überzeugt, dass schwerwiegende Bemerkungen und Urteile mit ihren Folgen öffentlich geklärt werden müssten, wenn sich auch eine Partei aus Gewissensgründen auf die Lehren des Vatikans stützt und danach rechtfertigt, während die andere Partei sich ebenfalls aus Gewissensgründen auf Jesus und die Lehre der Apostel stützt.

Über diese von der Tradition geprägte Handlungsweise kann nicht einfach die Decke des Schweigens geworfen werden, um so vor dem Volk den Anschein zu erwecken, man habe richtig gehandelt.

Was ein einzelner dabei durchstehen muss, darüber scheint sich das bischöfliche Ordinariat kaum Gedanken zu machen. Herzlosigkeit und fromme Brutalität lassen sich vom Kirchenrecht her wohl rechtfertigen, nicht aber vom Recht Gottes, Jesu und der Apostel!

Reaktion in der Bevölkerung

In dieser Nacht vom 19. auf den 20. Oktober 1988 prüfte ich mich vor Jesus Christus und fragte mich: War ich nicht stets bemüht, im Glauben an Jesus und sein Evangelium vorwärts zu kommen und die Menschen darin zu unterweisen? Wies der Generalvikar, damals noch Dekan von Stalden, bei der Pfarrinstallation am 27. August 1983 in Grächen nicht auf die absolute Unterweisung unter das Wort Gottes, die Bibel, hin?

Ich holte das Ernennungsschreiben hervor und las auf Seite 2 Folgendes:

»Überzeugt von Ihrem guten Willen, die Lehre des Evangeliums standhaft zu bewahren, Ihr Leben in lauterer Gesinnung unter das Wort Gottes zu stellen ...«
Habe ich das etwa nicht ständig versucht?

Aber da ist noch der 2. Teil des Abschnittes »... und alle mit Ihrem Amte verbundenen Aufgaben nach den Weisungen der Kirche zu erfüllen, ernenne ich Sie zum Pfarrer ...«

Hierin wird mir die tragische Zwiespältigkeit der röm.-kath. Kirche noch offenbarer. Auf der einen Seite wird die Lehre des Evangeliums, das Wort Gottes, betont, aber auf der anderen Seite betont man die Lehren der Kirche, die gerade aus der Untreue zum Wort Gottes entstanden sind und die, einmal dogmatisiert, niemand mehr verändern darf – selbst wenn alle wissen, dass sie aus der Sünde des Egoismus geboren sind. Welch ein Übel, diese Zwiespältigkeit!

Gleich beim Antritt meines Wirkens als Pfarrer hatte ich der Grächner Bevölkerung kundgetan, dass ich mich nach den Weisungen der Heiligen Schrift ausstrecken und nichts anderes verkünden werde, als das, was Jesus und seine Apostel als Grundsätze für das christliche Leben gegeben haben. Die Pfarrversetzungen sind unter den Priestern nur zu oft von Enttäuschungen, von unerfüllten und nicht berücksichtigten Wünschen begleitet und damit manchmal auch getragen von Neid und Missgunst. Von einigen Priestern aufgewiegelt und verführt, versuchte eine kleine Gruppe der Bevölkerung gegen mich zu intrigieren. Der Herr aber schenkte mir in der regelmäßigen Zwiesprache mit ihm jene Geisteshaltung, die mich jenen Menschen gegenüber immer wieder mit Liebe und Achtung begegnen ließ. Ab und zu schenkten mir auch diese Menschen ihr Vertrauen und ließen mich an ihren zwiespältigen Glaubenskonflikten teilhaben. Ich kann sie zu gut verstehen, denn einige Priester flüstern ihnen jene Dinge ins Ohr, nach denen ihre Ohren jucken (vgl. 2. Timotheus 4,3). Ihre Ohren jucken nach dem Festhalten einer alten Lehre, die nie von Christus und den Aposteln gelehrt, sondern einst von den röm.-kath. Inquisitoren, im Auftrag der Päpste, mit Schwert und Blut für alle Zeit aufgestellt und dogmatisiert worden ist. Wer könnte dann diesen verführten Menschen böse sein? Ich liebe sie nach wie vor. Gerade jene Priester, die sie glauben machen, ihre besten Freunde zu sein, sind hinterher imstande, sich über deren okkulte und unwissende Glaubensveranlagung und -überzeugung lustig zu machen, ohne eine Hand der christlichen Aufklärung zu rühren. Nur vor dem Hintergrund dieses klerikalen Doppellebens, das vom engen Sippen- und Cliquendenken genährt ist, kann man den Widerstand gegen Jesus und die Lehre der Apostel verstehen, und damit auch gegen jene, die das volle Evangelium verkündigen.

Am folgenden Morgen nach meiner Exkommunikation rief ich den Gemeindepräsidenten und Kirchenrat Herrn Bernhard Brigger in seinem Notariatsbüro in Visp an. In der Meinung, dass er über das Vorgefallene informiert sei, fragte ich ihn, was er davon halte. Er wusste von nichts und empörte sich über den unpassenden Scherz. Als ich auf dem Vorgefallenen beharrte, kam einiges ins Rollen.

Im Laufe des Tages schrieb ich einen Brief an die Bevölkerung. Von allen Seiten wurde das Pfarrhaus von Besuchern und Telefonanrufen heimgesucht. Leute konnten mir einfach nicht glauben. Verlegenheit, Unverständnis und Empörung machten sich breit.

An jedem Tag wird in der Kirche von Grächen Messe gelesen. Am Donnerstagabend kam Generalvikar F. Lehner nach Grächen und zelebrierte die Messe um 17.30 Uhr. Anschließend las er den bischöflichen Entscheid vor, den er mit folgenden Worten umrahmte:

»Liebe Brüder und Schwestern! Im Auftrag des Bischofs habe ich folgende Erklärung zu verlesen.« Nun las er das Schreiben und erklärte: »Meine lieben Brüder und Schwestern in Christus. Ihr könnt mir glauben, es fällt mir wirklich schwer, Euch dieses mitzuteilen. Aber wir haben den Willen und den Entschluss des Pfarrers respektiert. Wir wollen ihn begleiten mit unserem Gebet und mit unserer ganzen Liebe. Wir wollen ihm helfen, dass er seinen Weg gehen kann, den er als den rechten sieht. Betet alle für ihn und kommt ihm mit Liebe und Güte entgegen.

Es ist der Wunsch des Bischofs, dass Herr Pfarrer Dalliard vorläufig hier im Pfarrhaus bleiben kann, bis er selbst eine Wohnung gefunden hat, wie er es selbst versprochen hat. [Ich hatte nichts versprochen.] Begegnet ihm in aller Liebe, ich bitte Euch darum, und ich bitte Euch um eins: Geht nicht und klatscht alles Mögliche, gerade gegenüber den Boulevardzeitungen, denn schon heute morgen habe ich einen Anruf vom ›Blick‹ bekommen, was in Grächen los sei. Ich habe ihm geantwortet, das Ordinariat gibt keine Auskunft, denn das ist ein Berufsgeheimnis, und wir wollen Sorge tragen, nichts an die große Glocke zu hängen – gegenseitig. Es tut uns weh, es tut uns leid. Aber noch einmal gesagt: Wir haben den freien Entschluss eines Menschen zu respektieren.

Morgen und übermorgen wird keine heilige Messe sein. Am Samstagabend und am Sonntag findet normal Gottesdienst statt. In dringenden Fällen möge man sich an die Pfarrei St. Niklaus wenden.

Ich verspreche Euch – wir haben ja darüber gesprochen – dass Ihr möglichst bald einen guten, offenen und fröhlichen Pfarrer bekommt.«

Am Freitag erreichte mein Flugblatt per Post alle Haushaltungen. Entrüstung und Trauer prägten die Dorfszene. Die Leute hatten sich bis auf wenige Ausnahmen an meine Bibelpredigten gewöhnt. Sie hatten auch schon längst gespürt und z.T. erkannt, dass zwischen den Lehren des Vatikan und den Lehren Jesu und der Apostel vieles nicht harmoniert. Sie wussten, dass ich eine Pfarrgemeinde nach biblischem Muster anstrebte. Sie wussten, dass ich jeden Sakramentalismus ablehnte und bemüht war, gegen jeden Okkultismus und Spiritismus in all seinen Manieren offen vorzugehen. Deshalb schien es für sie unfassbar, dass ich wegen der Marienpredigt und wegen meiner Worttreue zum Evangelium nun öffentlich bestraft wurde.

Für Länder und Staaten mit streng katholischen religionspolitischen Volkstraditionen, wo sich Christliches mit Heidnischem vermischt hat, ist eine Exkommunikation das Allerschlimmste, das man einem Menschen antun kann. Exkommunikation bedeutet hier so viel wie Exekution. Nach altem katholischem Brauch erwies jeder, der einen Exkommunizierten ermordete, Gott den größten Dienst und wurde von der vatikanischen Geheimpolizei, der Inquisition (heute in »Heiliges Offizium« bzw. »Kongregation für die Glaubenslehre« umbenannt), mit größten Ehren und Vorteilen bedacht.

Man spricht heute kaum noch von dieser alten röm.-kath. Praxis. Die Praxis der römischen Hierarchie hat sich heute wohlweislich auf bessere Methoden besonnen, um sich solcher Leute zu entledigen. Der seelische Tod kann durch Rufmord und Denunziation, eingebettet in den Schein der christlichen Wahrheit, unter Umständen langatmiger und gründlicher sein.

Ein aus der röm.-kath. Kirche Exkommunizierter existiert für fromme römische Katholiken einfach nicht mehr. Das sollte ich zur Genüge erfahren müssen. Wer die gemeinsten Verleumdungen über einen Exkommunizierten in Umlauf setzten kann, wird bei manchen Klerikern besonderer Anerkennung gewürdigt.

Einige Grächner, die übrigens nicht an den regelmäßig durchgeführten Bibeltreffen teilnahmen, informierten ohne mein Wissen die Presse, besprachen dieses und jenes Vorgehen. Andere machten keinen Hehl daraus, ihren Austritt aus der röm.-kath. Kirche bekanntzugeben. Eine Gruppe Jugendlicher plante einen Überfall auf den Generalvikar. Sie wollten ihn vor dem nächsten Gottesdienst beim Eingang des Dorfes auffangen und ihm den Hintern verhauen. Nur mit großer Mühe konnte ich sie beschwichtigen und davon abhalten. Wieder andere blieben in dieser Zeit demonstrativ vom kirchlichen Leben fern.

Gegen das brutale Vorgehen von Sitten sammelten Jugendliche auch Unterschriften. Der Pfarreirat plante einen Schweigemarsch im Dorf, der am Samstag, dem 23. Oktober, dann auch durchgeführt wurde. Ich konnte diese Lösung akzeptieren, denn dadurch wurden einige weniger erfreuliche Vorhaben unterbunden. Allerdings musste ich versprechen, dass ich am Schweigemarsch teilnehmen und vor den Anwesenden sprechen würde.

Die Reaktionen einiger alter Leute im Dorf ermutigten mich in besonderer Weise. Zwei Zeugnisse möchte ich hier festhalten. Nach dem 9.30-Uhr-Gottesdienst am 1. Sonntag nach meinem Ausschluss hörte ich vor dem Pfarrhaus das energische Schreien einer Frauenstimme. Von einer kleinen Gruppe begleitet, hob sie sich in Richtung Pfarrhaus von der Menge ab, die nach dem Gottesdienst den Kirchplatz verließ. Während sie immer wieder ihr Handtäschchen in die Höhe schwang, rezitierte sie einen Vers. Äußerst erregt betrat Ida Ruff, die älteste Grächnerin, das Pfarrhaus und wiederholte die Szene, indem sie rief: »Er hat Gott mehr gehorcht als den Menschen und denen da unten [gemeint ist das bischöfliche Ordinariat]. Gott wird es ihm vergelten.« Es war mir fast nicht möglich, die gute alte Ida zu beruhigen. Ich befürchtete einen Herzinfarkt bei ihr. Mit einer Größe, wie sie alten Menschen an Erfahrung und Weisheit zusteht, hatte sie vor dem umstehenden Volk dem diensthabenden Geistlichen die Verkehrtheit der kirchlichen Obrigkeit vorgehalten. Diese Frau gehörte übrigens nicht zum Bibelkreis.

Ein ebenfalls an Glaubensjahren gereiftes Bekenntnis sprach mir zu jener Zeit der älteste Grächner Karl Schlierig zu. Ich besuchte ihn auch nach meiner Exkommunikation noch einige Male, obwohl ich ihm die Sakramente der Beichte und Kommunion nicht mehr »spenden« konnte. Wir lasen aus der Bibel und beteten miteinander. Er sagte mir immer wieder: »Vergessen Sie eines nicht, Herr Pfarrer, Sie gelten jetzt bei Gott noch mehr als vorher. Sie stehen jetzt bei Gott in noch höherem Ansehen. Ich würde, wenn ich noch gehen könnte, zu Ihnen zum Abendmahl kommen. Was Sie tun und lehren ist recht vor Gott!«

Ich wies ihn darauf hin, dass ich alles aus meinem röm.-kath. Glauben gestrichen habe, was der Lehre Jesu, der Apostel und der Evangelisten, also unseren Vätern des christlichen Glaubens, widerspricht. Dass ich aus Liebe zu Gott das Leben und Werk Jesu allem vorziehe, seine Weisungen in der Heiligen Schrift und auch gehorsam die Heilsforderungen annehme, die Jesus verlangt und schenkt. Dieser alte Mann, der älteste von Grächen, hatte erkannt, was Gott von den Menschen will und welche unumstößliche Kraft Jesus und sein Evangelium für das Heil der Menschen ist.

Mir ist aufgefallen und im Beichtstuhl auch oft bestätigt worden, wie vor allem älteren Menschen die Verkehrtheit der röm.-kath. Denkweise auf Kosten biblischer Lehre voll und ganz bewusst ist. Doch aus Angst vor kirchlichem und verwandtschaftlichem Druck nehmen sie äußerlich regelmäßig am kirchlichen Leben teil.

In jenen Tagen kamen ununterbrochen Pfarreiangehörige und Auswärtige ins Pfarrhaus und versicherten mir ihre Anteilnahme und Treue in allem, was da kommen würde. Es war gut gemeint; das wusste ich. Nur wusste ich auch, dass mancher den Mut aus Menschenfurcht sinken lassen würde, wenn es darauf ankommen sollte, öffentlich zu Jesus und zu seiner Lehre zu stehen.

23. Oktober 1988:
Pfarreiratssitzung in Grächen

Am 23. Oktober 1988 fand im Pfarrhaus von Grächen eine außerordentliche Pfarreiratssitzung statt, an der sozusagen alle Mitglieder teilnahmen.

Ich forderte die Anwesenden auf, das Wort Gottes regelmäßig zu lesen, ernst zu nehmen und es auch anzuwenden. Da sagte eine Frau: »Dann werden wir die gleichen Dummheiten machen wie Sie!« Es ist erstaunlich und bestätigt, dass sich römische Katholiken Christen nennen, sich aber vor Christus und seinem Wort verstecken müssen. Nun, wir müssen Verständnis für diese vom Vatikan verblendeten Menschen haben, wurden sie doch ein Leben lang von der röm.-kath. Geistlichkeit systematisch indoktriniert!

Reaktion des Gemeinderates (munizipal) von Grächen

Wie reagierte der Gemeinderat auf das Vorgehen des bischöflichen Ordinariates?

Am 21. Oktober 1988 schrieb die Gemeindeverwaltung von Grächen einen Brief an das Ordinariat, der auf der folgenden Seite als Kopie abgebildet ist.

Am 25. Oktober 1988 fand eine Gemeinde- und Burgerratssitzung in Grächen statt. Dieser Brief ist auf Seite 73 abgebildet.

Gemeinde GRÄCHEN

Postleitzahl CH-3925
Telefon 028 56 11 39 / 56 21 61
Postcheck-Konto 19-3554-8

Einschreiben

An die
Bischöfliche Kanzlei

1950 Sitten

I/Ref.   U/Ref. BB   CH-3925 Grächen, den 21. Oktober 1988

Betr. Amtsenthebung unserer H. Hr. Pfarrers

Hochwürdiger Herr Bischof
Sehr geehrte Herren

Wir mussten von unserem Herrn Pfarrer zur Kenntnis nehmen, dass er seines Amtes
als Pfarrer unserer Gemeinde enthoben sei. Bis zum heutigen Zeitpunkt sind wir
von Ihrer Seite über das Vorgefallene und die Amtsenthebung weder mündlich noch
schriftlich informiert worden. Wir sind von diesem Vorgehen sehr bestürzt und
es befremdet uns; zumal es um den Pfarrer unserer Gemeinde geht! Die Gemeindeverwaltung ist nicht bereit, dieses so zu akzeptieren und wir protestieren hiermit
in aller Form gegen dieses doch unübliche Vorgehen. Unserer Meinung nach ist
es nicht geeignet, die bis heute immer guten Beziehungen zwischen der weltlichen
und kirchlichen Behörde aufrechtzuerhalten und zu festigen.

Wir verlangen deshalb eine sofortige Sitzung mit Ihnen und unserem Herrn Pfarrer.
Wir möchten auch darüber informiert werden, wie es mit der geistlichen Betreuung
unserer Gemeinde in Zukunft steht. Unsere Bevölkerung steht noch nach wie vor
zu Herrn Dalliard.

In Erwartung Ihrer geschätzten Antwort und einer sofortigen Aussprache
entbieten wir Ihnen die Versicherung

unserer vorzüglichen Hochachtung

Gemeindeverwaltung Grächen

Der Präsident

Bernhard Brigger

Doppel z.K. Herr Dalliard Gregor

Stellungnahme der Gemeindeverwaltung von Grächen vom 21. 10. 1988

Gemeinde GRÄCHEN

Postleitzahl CH-3925
Telefon 028 56 11 39 / 56 21 61
Postcheck-Konto 19-3554-8

PROTOKOLLAUSZUG DER GEMEINDE UND BURGERRATSSITZUNG
Nr. 20-1988 vom 25. Oktober 1988

Ausserordentliches Traktandum:

Amtsenthebung Pfarrer Dalliard:

Mit Bestürzung musste die Gemeinde Grächen am 20. Oktober 1988 von
Pfarrer Dalliard vernehmen, dass er vom Bischof ab Mitternacht vom
19./20. Oktober 1988 von seinem Amt als Pfarrer von Grächen enthoben sei. Offiziell wurde der Verwaltung vom Bistum weder der
Entscheid noch die Begründung dazu mitgeteilt. Der Präsident hat

sig.: Der Präsident:
      Brigger Bernhard

      Der Schreiber:
      Walter Silvio

Für getreue Abschrift:

Grächen, den 26. Oktober 1988

                              Der Schreiber:
                              Walter Silvio

Der vorliegende Protokoll-Auszug wurde zu Handen
des ehemaligen Pfarrers, Herrn Dalliard Gregor
erstellt und zugestellt/ausgehändigt am 26. Oktober 1988

Protokollauszug der Gemeinde- und Burgerratssitzung vom 25. 10. 1988

27. Oktober 1988: Außerordentliche Gemeinde- und Burgerratssitzung

Gemeinde *GRÄCHEN*

GEMEINDERAT

Postleitzahl CH-3925
Telefon 028 56 11 39 / 56 21 61
Postcheck-Konto 19-3554-8

Protokoll Nr. 21-1988

PROTOKOLL DER AUSSERORDENTLICHEN GEMEINDE- UND BURGERRATSSITZUNG
VOM 27. Oktober 1988

Ort: Ordentliches Sitzungszimmer der Gemeindekanzlei
Zeit: 10.00 Uhr
Anwesend: Gemeindepräsident Brigger Bernhard, Vorsitz

              Herr Dalliard Gregor

              Die Gemeinderatsmitglieder:
              Abgottspon Ewald
              Walter Konrad

heit betreffend Amtsenthebung des Pfarrers unserer Gemeinde einge-
hend besprochen. Aufgrund dieser Besprechung gibt der Gemeinderat
die folgende Erklärung ab:

1. Die Art und Weise des Vorgehens vom Bistum gegen Herrn
    Dalliard Gregor wird aufs Schärfste verworfen.

2. Es wird Kenntnis davon genommen, dass sich das Bistum für die
    mangelnde Information bei der Gemeinde entschuldigt hat.

3. Der Gemeinderat bestätigt, dass Herr Dalliard in seiner
    Funktion als Pfarrer von Grächen in den vergangenen fünf Jahren
    vorzüglich gewirkt hat und spricht ihm dafür den herzlichen Dank
    aus. Nach wie vor geniesst Herr Dalliard die Sympathie der
    Gemeinde.

4. Das Bistum hat dem Gemeinderat zugesagt, die Pfarrerstelle bis
    spätestens zu Weihnachten 1988, nach vorheriger Kontaktauf-
    nahme mit der Gemeinde, neu zu besetzen.

5. Zwischenzeitlich wird die geistliche Betreuung durch Aushilfen
    besorgt. In dringlichen Fällen ist der Pfarrer von St. Niklaus
    zuständig.

Schluss der Sitzung: 11.45 Uhr

Der Präsident: Der Schreiber:
Brigger Bernhard   Walter Silvio

Protokoll der außerordentlichen Gemeinde- und Burgerratssitzung vom
27. Oktober 1988

LE VICAIRE GÉNÉRAL
DER GENERALVIKAR

ÉVÊCHÉ   BISCHÖFLICHES
DE   ORDINARIAT
SION   SITTEN

N.

Avenue de la Tour 12   1952 Sion   Tél. 027/23 18 18

Sitten, den 28. Oktober 1988

An die Priester der Diözese Sitten

<u>Betrifft</u>: Dekret vom 19. Oktober 1988

Liebe Mitbrüder,

Bei unserer gestrigen Unterredung in Grächen mit Gregor Dalliard im
Beisein des Gemeinderates in Vollzahl und dem Präsidenten des Pfarreirates
mit 3 Vertretern dieses Rates und Dekan Josef Zimmermann, hat mich
Gregor Dalliard auf einen Fehler aufmerksam gemacht, der sich ins obengenannte
Dekret eingeschlichen hat. Es heisst dort unter den Beschlüssen:

Herr Gregor Dalliard ist irregulär, das heisst, er hat sich durch sein
Verhalten ein dauerndes Hindernis zugezogen, das es ihm unmöglich macht,
irgend ein Recht der Weihe auszuführen (Can. 1044 § 2). In der Angabe
des <u>§ 2</u> liegt nun der Fehler. Recht muss es heissen <u>Can. 1044 § 1, 2°</u>.

Da dieses Schreibfehler den Grund der Amtsenthebung verfälscht, habe ich
mich in aller Form vor den Anwesenden bei Gregor Dalliard entschuldigt
und ihm versprochen, Euch in einem Briefe auf den Fehler aufmerksam zu
machen und Klarheit für die Gründe der Amtsenthebung zu geben.

Ich bitte Euch, in Euren Gesprächen in der Oeffentlichkeit ein bisschen
vorsichtiger zu sein, denn es werden viele Halbwahrheiten und Unwahrheiten,
auch von Mitbrüdern herumgeboten, die viel Schaden anrichten und wirklich
<u>niemandem</u> nützen.

Herzlichen Dank für Eure Mitarbeit und liebe mitbrüderliche Grüsse.

Euer Bruder

Franziskus Lehner,
Generalvikar.

An die Priester der Diözese Sitten vom 28. 10. 1988, »Betrifft: Dekret
vom 19. 10. 1988«

Reaktion beim Klerus

Die Reaktion auf meinen abrupten Ausschluss erregte natürlich auch manchen Geistlichen. Während einige Priester und Laientheologen, zwar eine kleine Minderheit, das bischöfliche Vorgehen missbilligten, versuchten andere Priester in Gottesdiensten, Versammlungen und in der Presse frisch fröhlich auf mir herumzuhacken, ohne dass sie dem Vorgefallenen vorher auf den Grund gingen.

Seit vielen Jahrhunderten ist das katholische Volk von einer Art Priesterkaste durch päpstliche Meinungen und Vorstellungen in Schach gehalten worden. Trotz all dem vielfältigen, selbstlosen und segensreichen Wirken mancher Priester und Ordensleute, vor allem in fürsorglichen Bereichen des Lebens, können wir diese geschichtliche Tatsache nicht leugnen. Der Priester gilt als das Sprachrohr Gottes. Es ist noch nicht lange her, dass das Volk in ihm den Unfehlbaren sah. Was der Pfarrer im Dorf wollte oder sagte, dem hatten sich alle zu unterwerfen. Dem Pfarrer zu widersprechen hätte bedeutet, Gott zu widersprechen! Wer wollte das? Frustration! Die Tinte von Zeugnissen davon würde wohl Bände füllen.

Wir wollen nicht vergessen, dass die meisten Priester in guter Treue glaubten, Gott wohlgefällig zu handeln. Die Geschichte zeigt uns, dass sie im totalen und – unbewusst – im blinden Gehorsam taten, was ihnen von oben herab unter Höllenandrohung zu lehren und zu tun befohlen war. Das Wort Gottes diente meistens lediglich dazu, Lehren und Meinungen bestimmter Kreise der Kirche zu stützen, ansonsten brauchte man es nicht. Das war vielen Priestern zeitlebens nicht bewusst. Darum haben wir auch kein Recht, sie zu verurteilen, obwohl viele Katholiken heute noch von dieser tiefen religiösen Angst geprägt und gebunden sind. Diese religiöse Angst steckt, wenn auch unbewusst, in solchen römischen Katholiken, die sich offen geben. Sie hören und tun auf »Nummer sicher« ängstlich das, was ihnen die Geistlichkeit seit eh und je im Religionsunterricht eingepfercht hat. Sie empfinden Angst vor jeder Öffnung für das Wort Gottes oder auch vor jeder Erneuerung innerhalb der römischen Kirche und sind froh, einen Priester zu finden, der sie in ihrer religiösen Angst bestätigt. Auch manche Priester leiden unter diesem von Menschen verursachten Religionsjoch. Eine andere Seite von engagierten Katholiken begnügt sich oberflächlich mit ihrer religiösen Pflichterfüllung und ist froh, wenn im liturgischen Leben der katholischen Kirche nichts verändert wird. Durch Änderungen zugunsten der biblischen Wahrheit würden sie aus ihrer traditionellen Bahn geworfen und sie in eine Protesthaltung versetzt. Wir müssen diesen Menschen volles Verständnis entgegenbringen, selbst vielen Priestern. Die volle biblischchristliche Wahrheit mit ihren Konsequenzen bleibt ihnen noch in mancher Hinsicht eine Fremdsprache.

Was nun Priester mit der oben genannten Haltung unter das Volk bringen, findet auch schnell Aufnahme in den Herzen dieser Menschen.

Tragischerweise ließen sich manche Priester auf der Kanzel, bei Vereinsanlässen, in der Presse und in Gesprächen zu Aussagen verleiten, die am Entscheidenden vorbeigingen. Manche einfache Menschen wurden aber dadurch gegen mich beeinflusst, verführt und zu unüberlegten Handlungen verleitet.

Das Schreiben, das die Priester vom bischöflichen Ordinariat zugestellt bekamen und das die Erklärung aus Kanon 1044 § 2 enthielt, dass ich geistesgestört und psychisch krank sei, kam einigen ja sehr gelegen. Diese Äußerungen gaben Anlass zu so vielen Spekulationen, dass deren Folgen nicht abzuschätzen sind. Einige Priester waren sehr erstaunt, dass sie bis dahin von meinem »Aufenthalt in der Psychiatrie« nichts gewusst hatten und konnten darum die Handlung des Ordinariates als besten, geistlichen und bischöflichen Beitrag zu meiner Gesundung nicht verstehen. Verschiedene Priester innerhalb und außerhalb der Diözese Sitten boten mir in dieser Zeit ihre Hilfe an. Der deutsche Weihbischof Heinrich Graf von Soden bot mir seine Hilfe an und erkundigte sich im bischöflichen Ordinariat Sitten (Sion) nach dem eigentlichen Grund meiner Exkommunikation. Er schreibt in seinem Brief vom 12. Januar 1989: »… und hat mich veranlasst, bei der bischöflichen Kanzlei nach den Gründen Ihres Ausschlusses zu fragen. Offensichtlich haben Sie Schwierigkeiten mit der Marienfrömmigkeit …« Andere Priester und engagierte Katholiken drangen darauf, das bischöfliche Ordinariat zu einem öffentlichen Widerruf des Kanon 1044 § 2 zu verpflichten, durch den meine Ehre und mein Name in den Schmutz gezogen wurden. In Anbetracht der Aussage von Kanon 1044 § 2 erkannte ich die Notwendigkeit dieses Widerrufs umso mehr, da mein Brief vom 25. Oktober 1988 an das bischöfliche Ordinariat unbeantwortet blieb. Weil das bischöfliche Ordinariat auf diesen Brief nicht reagierte und auch nicht bereit war, eine öffentliche Richtigstellung dieser Aussage vorzunehmen, wagten es einige Priester in ihren Predigten und in Gesprächen immer wieder, ihre Missbilligung über das Vorgehen auszudrücken. Sie wussten um meinen Einsatz und hielten den »bischöflichen Tritt in den Hintern« nicht für einen idealen Versuch der Konfliktlösung, weil dadurch zu viel aufs Spiel gesetzt schien.

Ein anderer Priester organisierte einen Gebetssturm, damit ich zurückfinde zur Wahrheit der katholischen Kirche. An jedem Tag betete eine andere Gruppe für mich. Nun, ich bete und hoffe, dass der Herr ihren Gebetseinsatz auch für sie alle als Segen gedeihen lässt, damit noch viele, die »die himmlische Gabe geschmeckt haben« (Hebräer 6,4) aufwachen und sich mutig den Lockrufen des Herrn und seinen Verheißungen von Ewigkeitswert anschließen werden.

Verschiedene Priester forderten mich auf, das Wallis zu verlassen, damit der religiöse Friede im Lande gewahrt bliebe. Einige wenige Priester drohten mir hin und wieder mit Repressalien.

Warum ich Priester geworden bin

Während meiner Amtszeit als Priester der römischen Kirche kam ich mehr und mehr zur der Überzeugung, dass hier anderes gelehrt wird als Gottes Wort. Kann das katholische Volk diesen Werdegang überhaupt verstehen und nachvollziehen?

Fragen wurden etwa so formuliert: »Warum bist du überhaupt Priester geworden, wenn du nicht an die Kindertaufe als Heilsnotwendigkeit glaubst, wenn du Maria nur achtest, sie aber nicht als Mutter Gottes verehrst, wenn du an der Unfehlbarkeit des Papstes zweifelst, wenn du …«

Diese Fragen wurden von Menschen gestellt, die mich kennen, mit denen ich zusammenlebte, betete, lachte und weinte – kurzerhand Freud und Leid teilte –, und so drücken sie Schmerz, Traurigkeit und sogar heftige Ablehnung bis hin zur äußersten Verachtung aus. Diese Fragen und Gefühlsausbrüche sind für einen römischen Katholiken wohl berechtigt. Verständlich und nachvollziehbar ist meine Auseinandersetzung mit der röm.-kath. Kirche wohl nur vor dem Hintergrund einer ehrlichen, echten und tiefen Begegnung mit dem Wort Gottes in der Bibel.

Als ich 1947 als siebtes von zwölf Kindern im Weindorf Salgesch geboren wurde, gab es in den meisten katholischen Gebieten noch keine Alternative zur Institution der römischen Kirche. Dass die herrschende politische Macht und der römische Katholizismus ein und dasselbe waren, daran zweifelte wohl kaum jemand. So wurde z. B. der heute weltberühmte Gründer des Werkes L'Abri (Obdach), der evangelikale

Wissenschaftler Francis Schaeffer Ende der 50er Jahre auf Druck des Bischofs von der Behörde aus dem Wallis vertrieben, obwohl er vielen notleidenden Studenten Obdach geboten und den Weg durch die Wissenschaften hindurch zu Jesus Christus aufgeschlossen hatte.

Frau Schaeffer schreibt: »Herr Ex. suchte uns auf; er war ganz bestürzt und berichtete, dass einige Männer im Dorf eine Bittschrift einreichen wollten, damit wir bleiben könnten. ›Sie machen sich nicht klar, welchen Einfluss die Kirche hat. Wenn der Bischof bestimmt hat, dass Sie gehen sollen, muss selbst ein liberal denkender Jurist aufgeben. Der Druck ist groß.‹«[1]

Für die katholische Obrigkeit ist die Frage, ob jemand Christ ist und gemäß der Lehre Jesu und der Apostel christlich lebt, niemals vorrangig. Das religionspolitische Einheitsdenken herrscht vor, darum die vielen religionspolitischen Kriege wie in Irland, Libanon, Jugoslawien usw. Es ergibt sich immer wieder zuerst die Frage: Ist er bzw. sie römisch-katholisch? Bei den meisten Katholiken ist die heilsnotwendige, dogmatische Auffassung verankert, dass nur ein römischer Katholik gerettet werden kann.

Bekehren sich Katholiken und finden sie in einer christlichen Gemeinde durch Jesus Christus Befreiung vom Alkohol, von Drogen, von Hurerei, von Betrügereien oder Ausschweifung irgendwelcher Art, sind die Angehörigen und Priester meistens entsetzt. Sie versuchen mit allen Mitteln, diese Menschen von der christlichen Gemeinde zu trennen und stürzen sie zurück in ihr altes Elend. Es gilt das Motto: Lieber in all diesen Sünden zugrunde gehen, doch »versehen mit den Tröstungen unserer heiligen Religion«. Ich könnte Dutzende von Beispielen aufzählen! So wird das Volk von der kirchlichen Obrigkeit an sich gebunden, irregeführt und von einer ehrlichen und befreienden Begegnung mit Jesus Christus im Neuen Testament abgehalten!

Nur via römische Kirche in den Himmel

Nicht nur in den abgeschlossenen Tälern, sondern überall in der katholischen Welt mussten und müssen die Mitglieder der römischen Kirche glauben, dass der Himmel nur durch und über den Vatikan zu erreichen ist. Als Kinder lernten wir aus dem Katechismus: »Die katholische Kirche wird die alleinseligmachende genannt ...«[2] Die allgemeine vierte römische Kirchenversammlung im Lateran von 1215 lehrt: »Es gibt nur eine allgemeine Kirche der Gläubigen. Außer ihr wird keiner gerettet.«[3] Papst Bonifaz VIII. erklärte 1302 gegen Philipp den Schönen von Frankreich: »Außer ihr [der röm.-kath. Kirche] finden wir kein Heil noch Verzeihung der Sünden.«[4] Dies bestätigte die allgemeine römische Kirchenversammlung zu Florenz im Jahre 1442 gegen die Jakobiten: »... glaubt fest, bekennt und verkündet, dass niemand außerhalb der katholischen Kirche, weder Heide noch Jude noch Ungläubiger oder ein von der Einheit getrennter – des ewigen Lebens teilhaftig wird, vielmehr dem ewigen Feuer verfällt, das dem Teufel und seinen Engeln bereitet ist, wenn er sich nicht vor dem Tod ihr [der röm.-kath. Kirche] anschließt.«[5] Und so geht das weiter bis zum 2. Vatikanischen Konzil (1962–1965), das besagt: »Denn nur durch die katholische Kirche Christi, die das allgemeine Hilfsmittel des Heiles ist, kann man Zutritt zu der ganzen Fülle der Heilsmittel haben.«[6]

Papst Paul VI. sagte 1968 in seinem Credo: »Wir glauben, dass die [römische] Kirche heilsnotwendig ist.«[7]

In seiner Enzyklika »Ut unum sint« (»Dass sie eins seien«) vom 25. Mai 1995 fordert der Papst alle Nichtkatholiken christlichen Bekenntnisses auf, sich der katholischen Kirche unterzuordnen: »An Christus glauben heißt, die Einheit wollen; die Einheit wollen heißt, die [katholische] Kirche wollen ... Das ist also die Bedeutung des Gebetes Christi: ›dass sie eins seien‹.«[8]

Der Papst zitiert das 2. Vatikanische Konzil und betont: »Es gibt keinen echten Ökumenismus ohne innere Bekehrung.«[9] Was er damit meint, muss blind der Tradition dieses verstümmelten Christentums entsprechen. »Es geht in diesem Zusammenhang nicht darum, das [katholische] Glaubensgut zu modifizieren, die Bedeutung der Dogmen zu ändern, wesentliche Worte aus ihnen zu streichen ...«[10]

»Alles, was die nichtkatholischen christlichen Gemeinschaften sind und wirken«, (vgl. Ut unum sint, Artikel 11-14) »gehört rechtens zu der einzigen [katholischen] Kirche Christi.«[11]

Und der Leib Christi, »welchem alle völlig eingegliedert werden müssen«, ist die katholische Kirche.[12]

Damit ist ehrlichkeitshalber – Gott sei's gedankt – jedes ökumenische Streben mit Rom im Vornherein fruchtlos. Dieser Wirklichkeit müssten sich alle ökumenisch Gesinnten stellen!

Seit dem frühen Mittelalter wird diese Lehre eingehämmert, die den politisch Verantwortlichen und den Volksmassen die Macht der Päpste in ihren vielen kriegerischen und religiösen Auseinandersetzungen demonstrieren soll, bis hin zum Höhepunkt des religiösen Fanatismus und der Gotteslästerung im Jahre 1870. Am 18. Juli jenes Jahres setzte sich Papst Pius IX. mit seinem Unfehlbarkeitsdogma endgültig und kirchenrechtlich Gott gleich. Sprach der Papst, so sprach Gott.

»Schon 1866 hatte Papst Pius IX. sich so geäußert: ›Ich bin der Nachfolger der Apostel, Stellvertreter Jesu Christi, ich allein habe die Aufgabe, das Schiff des Petrus zu führen und zu steuern; ich bin der Weg, die Wahrheit und das Leben. Wer mit mir ist, gehört zur Kirche, wer nicht mit mir ist, ist außer der Kirche und außerhalb des Weges, der Wahrheit und des Lebens.‹ Das war klar genug!«[13]

Unter »Kirche« und »Heil« verstanden wir, dem Papst und seinen Vertretern zu gehorchen, ohne Wenn und Aber. Bonifaz VIII. schreibt in seiner Bulle »Unam Sanctam« im Jahre 1302: »Dem römischen Papst sich zu unterwerfen, ist für alle Menschen unbedingt zum Heile notwendig: Das erklären, behaupten, bestimmen und verkünden Wir.«[14] Dies ist ein Dogma (Wir = Pluralis majestatis, Ich und Gott, darum 1. Person Mehrzahl). Papst Pius IX. schrieb im Jahre 1862 an den Erzbischof von München Freising: »Die Kirche hat kraft ihrer göttlichen Einsetzung die Pflicht, aufs Gewissenhafteste das Gut des göttlichen Glaubens unversehrt und vollkommen zu bewahren und beständig mit größtem Eifer über das Heil der Seelen zu wachen. Deshalb muss sie in peinlicher Sorgfalt alles entfernen und ausmerzen, was gegen den Glauben ist oder dem Seelenheil irgendwie schaden könnte …«[15] Davon waren wir überzeugt!

Als Kinder lernten wir auf die dritte Frage im römischen Katechismus »Wer lehrt uns durch den Mund der Kirche?« antworten: »Durch den Mund der Kir-

Pius IX.

che lehrt uns Christus, unser himmlischer Herr.«[16] Im Katechismus stand auf Seite 7 geschrieben: »Gott will, dass wir auf die Kirche hören. Wir müssen glauben, was sie glaubt und uns zu glauben lehrt. Dann gehen wir den Weg der Wahrheit und gelangen einst ins ewige Leben.«[17] Als Merksatz »für mein Leben: Ich will im Glauben der Kirche leben und sterben.«[18] Als Untermauerung dieser Lehren war auf Seite 8 unter »Wort Gottes« aus dem Brief des Paulus an die Galater Folgendes zitiert: »Wenn jemand euch ein anderes Evangelium verkündet, als ihr empfangen habt, so sei er verflucht (Galater 1,9).«[19]

Wer von uns kam damals auf den Gedanken, dass Paulus diesen Brief um 50 n. Chr. an die Christen von Galatien geschrieben hatte – und zwar an wiedergeborene Menschen – und nicht erst 1870 oder 1950 oder sonst zu irgendeiner Zeit. Unter diesen

Fluch stellt Paulus alle, die dem biblischen Evangelium etwas hinzufügen oder etwas wegnehmen.

Der Hölle preisgegeben

Wer von uns hätte damals gedacht, dass man uns in der römischen Kirche schon längst ein anderes Evangelium lehrt, ein Gemisch von christlichen Wahrheiten und heidnischen Mythologien, ein Wirrwarr von dogmatisierten Lehrsätzen, bestehend aus den päpstlichen Launen der Jahrhunderte.

Damit niemand auf den Gedanken kommen sollte, an den römischen Lehren zu zweifeln und sie nicht für Gottes Lehre zu halten, sorgte Rom auch vor. Wer an einer Aussage oder Lehre der Päpste zweifelte, war gleich mit dem Bannfluch belegt und der Hölle preisgegeben. Wer wollte das schon? Niemand wollte sein ewiges Leben in der Hölle verbringen; jeder wollte seinen Platz im »Himmel« sicher haben. Diese Sicherheiten, so sagten uns die Priester, hätten uns die Päpste mit ihren Lehren und ihren Sakramenten gegeben! Sie seien die Tür zum ewigen Leben. Mit Begeisterung lernte ich aus der Schulbibel (eine gekürzte Bibelausgabe). Der Katechismus, bestehend aus einzelnen biblischen Aussagen, vermischt mit römischen Lehren, mit seiner eigenartigen Philosophie, erschwerte mir manche Lebensstunde und raubte mir nicht selten die Nachtruhe.

Schon als Kind bat ich Jesus, die Mutter Gottes, die Engel, die Heiligen und die verstorbenen Angehörigen, mir zu helfen, dass ich doch Priester werden könnte. Ich wollte dort sein, wo sich der Mensch am allernächsten bei Gott aufhalten kann. Wir glaubten, dass die Priester Gott am allernächsten seien.

Sehr früh nahm ich mir vor, Priester zu werden. Vom Religionsunterricht und durch die Heiligenlektüren ermutigt, unterwarf ich mich den üblichen Kasteiungen, die für den Weg der Heiligkeit unerlässlich waren. Als sündiger Mensch musste ich Gott gegenüber Sühne leisten.

So tauschte ich mir einen breiten Gürtel bei einer meiner sieben Schwestern ein, bestickte ihn mit Nägeln aller Art und schnallte ihn eng um meinen Körper. Bei der prallen Sommerhitze verursachte ein solches Arbeiten in den Rebbergen besondere Schmerzen. Als genugtuendes Sühneopfer für meine Sünden und für die Sünden der Welt, als Beweis meiner Liebe zu Jesus, fühlte ich mich gestärkt und ermutigt, so auf dem Weg der Heiligkeit voranzuschreiten. Gelegentlich steckte ich mir Kieselsteine in die Schuhspitzen. Bei jedem Schritt wurden die Schmerzen erhöht. Wenn die Müdigkeit mich nicht übermannte, betete ich halbe Nächte hindurch den Rosenkranz. Später in meinen Jugendjahren, als ich mir manchmal meiner Sündhaftigkeit und der meiner Jugendgefährten besonders bewusst wurde, schlich ich mich im Winter aus dem warmen Bett und verbrachte die Nacht auf dem bloßen Fußboden.

In gleicher Weise wie gewisse »Heilige« der römischen Kirche und ermutigt durch Missionare, so wollte auch ich durch regelmäßiges Geißeln des Körpers in der Nachfolge Jesu wachsen.

Meine Mutter durchkreuzte mir manchmal meine Vollkommenheitsstrategien. Als sie die Blutflecken in meiner Wäsche entdeckte, verbot sie mir kurzerhand solche Kasteiungen.

Wie schmerzte mich das Unverständnis meiner Mutter. War sie vielleicht nicht ganz gläubig? Solche und ähnliche Fragen erschwerten mein Vollkommenheitsstreben. Ich musste meiner Mutter gehorchen, so lehrte mich der Katechismus. Kurzerhand hielt ich Ausschau nach neuen Genugtuungen. So verzichtete ich gelegentlich in der Sommerhitze bei den Rebarbeiten einen ganzen Tag lang auf Getränke oder ich fastete einfach.

Manchmal brachen Zeiten der Weltverbundenheit ein. Das religiöse Leben verlief dann schmalspuriger, doch das religiöse Umfeld holte mich immer wieder ein. Darüber war ich stets froh. Ich liebte Gott und wollte ihn noch besser kennen lernen.

Mein Werdegang zum Priester

Nach einem 4-jährigen Kollegiumsaufenthalt wollte ich Architekt werden. In unseren Gegenden fing man zu dieser Zeit an, die modernen Beschlüsse des 2. Vatikanischen Konzils schrittweise und mit viel Widerwillen einzuführen. Als ich in einem Architekturbüro arbeitete, schreckte mich Ende der sechziger Jahre die Not der vielen jungen Menschen auf. Ich suchte noch intensiver nach Gott, denn Sexorgien, Drogen, Homosexualität usw. hielten Einzug in unsere Täler. Im inneren Kampf um die Frage, wie ich Mitmenschen in solchen Nöten wohl am besten helfen könnte, drängte sich immer wieder von neuem die Antwort auf, dass ich nur als Priester die Not lindern könnte, denn nur so bist du allgemein akzeptiert. Das Ziel aber, Priester zu werden, schien mir weit weg und zu hoch. Zudem schien uns das 2. Vatikanische Konzil (1962–1965) aus der althergebrachten heimeligen Mystik, aus allen liturgischen und sakramentalen Bereichen des kirchlichen Lebens herausgerissen zu haben. Das stimmte mich sehr traurig. Eine lebendige innere Beziehung zu Christus durch den Heiligen Geist fehlte mir damals, wie den meisten römischen Katholiken, denn unser Gebetsleben war geprägt von Toten (den »Heiligen«, der »Muttergottes«, den verstorbenen Angehörigen) und von Engeln. Eines Tages sah ich ein Gebet in einer katholischen Zeitschrift. Dieses Gebet sprach mich direkt an. Ich tippte es auf ein kleines Stück Papier und hüllte es in durchsichtige Klebstreifen ein. Immer trug ich dann dieses Gebet auf mir. Fast jeden Morgen vor dem Arbeitsbeginn im Büro verzog ich mich für einige Augenblicke und betete inniglich dieses Gebet: »Geist Jesu, Geist der Glut, des Lichtes und der Freude, einst hast du am Pfingstfest deine Jünger zu Christen gemacht. Hell leuchtete ihnen Christi Wahrheit, seine Liebe brannte in ihren Herzen, und in deiner Kraft haben sie die Welt bezwungen. Komm zu mir. Mache mein Gewissen klar, dass ich sehe, was ich soll, auch in den Wirrnissen des täglichen Lebens. Mache mein Herz großmütig und stark, damit ich freudig Gottes Werk schaffe. Dir ist Christi Reich übergeben. Seine Wahrheit lehrest du. Seine Gnade spendest du. Seine Gebote verkündest du. Oh, öffne meine Augen, dass ich den Herrn sehe! Lass mich erkennen, wer Jesus ist und was er von mir will.« Obwohl mir damals nicht klar war, dass ich nicht zum Heiligen Geist beten brauchte, sondern mich direkt an Jesus wenden konnte, sollten diese Bitten doch eines Tages erhört werden: »Oh öffne meine Augen, dass ich den Herrn sehe! Lass mich erkennen, wer Jesus ist und was er von mir will.« Ja, wer Jesus ist und was er von mir will! Ich ahnte noch nicht, was er von mir wollte. Denn noch tat ich – ohne es zu wissen – was religiöse

Menschen von mir wollten, noch richtete ich meinen Blick auf das Leitbild von Menschen, auf tote Heilige. Jesus war da und doch nicht, denn sein Wort fehlte mir, ohne dass ich es wusste.

In der römischen Kirche kennt man das persönliche Gebet, das Zwiegespräch mit Gott selten. Alles ist in feste Formen gepackt: in Rosenkranz-, Gebets-, Mess- und rituelle Formeln. Dadurch ist dem Vatikan eine kontrollierbare Übersicht gewährleistet. Diese Übersicht soll die Einheit der römischen Katholiken demonstrieren. Es ist Pflicht des römischen Priesters darauf zu achten, dass sich das Volk an diese Gebetskategorien hält. So hat der Heilige Geist, der doch weht und bewegt, wo er will, in dieser Institution nicht mehr viel zu bewegen. Unter dem Großteil der römischen Priesterschaft gilt der Heilige Geist als Störenfried. Er droht diese Gebetskategorien durch das einfache, nach Wahrheit suchende Volk immer wieder auseinanderzubrechen. Selbst in den charismatischen Bibelkreisen in der »Erneuerung der katholischen Kirche aus dem Heiligen Geist« ist der Priesterschaft vom Vatikan her ein besonderer Feuerwehrdienst auferlegt worden.

Nach fünf Jahren Tätigkeit als Hochbauzeichner besuchte uns eines Abends Jean-Marc Bonvin, Vikar in Haute-Nendaz. Er suchte ab und zu meine Mutter auf, um sie über den plötzlichen Tod unseres Vaters zu trösten. Mit ihr zusammen betete und diskutierte er gerne. An jenem Abend geschah eine Wende in meinem Leben, die meine ganze Zukunft prägen sollte. Bis dahin hatte ich den Kontakt mit ihm gemieden. Kam es zu einem kurzen Wortwechsel, versuchte ich ihn herauszufordern, wobei mich seine Gelassenheit beunruhigte. Ebenso störte mich seine unklerikale äußere Aufmachung und sein treues, gütiges Benehmen. All das und manch anderes entsprach nicht der traditionellen klerikalen Art. Das störte mich.

An jenem Abend betrachtete er den Grundriss auf dem Zeichenbrett, an dem ich arbeitete. Eins ergab das andere und ich sagte zu ihm: »Ich würde heute noch Priester werden und Jesus folgen, wenn ich dazu nicht noch die Matura [das Abitur] nachholen müsste.« Er antwortete darauf ganz gelassen: »Es gibt heute drei Bildungswege, die die Zulassung zum Priesterdienst ermöglichen. Du kannst auf dem 2. Bildungsweg Priester werden. Vier Jahre Latein, Griechisch, ein abgeschlossener Beruf … Melde dich beim Bischof in Sitten (Sion) an.«

Eine überwältigende Freude erfüllte mich. Ganz plötzlich öffneten sich mir Türen zu Gott. In jener Nacht suchte ich keinen Schlaf, ich hätte ihn auch nicht gefunden! Im Rosenkranzgebet dankte ich Gott, der »Muttergottes« und allen »Heiligen«. Als ich feststellte, dass meine Mutter noch um Mitternacht an ihrem gewöhnlichen Platz in der großen Küche im Gebet versunken dasaß, ging ich auf sie zu und äußerte ihr mit großer Freude den Wunsch, Priester zu werden. Sie schaute zu mir hoch – ganz lange – und sagte dann:

»Mach das nicht!«

»Aber warum nicht, Mama, freut Ihr euch darüber nicht?«, erwiderte ich ganz enttäuscht.

Sie antwortete: »Gregor, wenn du Priester werden willst, so bedenke, dass Priester sein heißt, Jesus Christus folgen und sich zu ihm stellen und das kann sehr schwer sein.«

Erstaunt fragte ich zurück: »Gibt es eine andere Kirche, die so treu zu Jesus hält und immer das getan hat und tut wie es die heilige katholische und apostolische Kirche auf vorbildliche Weise tut?«

»Ja, ja,« meinte die Mutter, »du kennst unsere Kirche schlecht, aber wenn du glaubst, dass Christus dich gerufen hat, dann folge ihm.«

»Ja«, versprach ich der Mutter, »ich werde Jesus Christus folgen und mich auch zu ihm stellen.«

Bis tief in die Nacht hinein sprachen wir noch über dies und das. Eines aber ließ mich nicht mehr los: Sollte meine Mutter tatsächlich Zweifel über die kirchliche Obrigkeit hegen? Gab es da wirklich Dinge, von denen ich nichts wusste? Was wusste sie von ihrem Bruder, der zu jener Zeit bischöflicher Kanzler in Bulawayo, Zimbabwe, war und was wusste sie von ihrem Onkel, der als Priester vor wenigen Jahren verstorben war? Was von den Nonnen und Mönchen in der Verwandtschaft?

Einige Tage später kniete ich in der Kathedrale von Sitten (Sion) vor dem Tabernakel. Ich betete zu »Jesus im Tabernakel« und gab Acht darauf, dass auch die »Heiligen« nicht zu kurz kamen. Ein Höhepunkt meines Lebens schien gekommen zu sein. Bevor ich mich mit dem ehrwürdigen Bischof Nestor Adam zu einem Zwiegespräch im bischöflichen Palais einfand, wollte ich alles unter den Schutz der »Gottesmutter« stellen. Das letzte Mal stand ich dem Bischof so nahe, als er vor Jahren in Salgesch die Antworten der Firmkandidaten abgenommen hatte. Als er damals fragte, wer von uns Priester werden möchte, streckte ich zaghaft die Hand hoch.

Im Palais Platz genommen, fragte mich Bischof Adam mit seiner einnehmenden Liebenswürdigkeit als erstes: »Und beten Sie auch täglich den Rosenkranz?«

»Ja, seit einigen Tagen wieder ganz intensiv«, antwortete ich.

Er beglückwünschte mich mit den Worten: »Dann sind sie zum Priester berufen.«

Was er mir nun ins Ohr flüsterte, bestürzte mich sehr. »Ich rate Ihnen, gehen Sie bitte nicht ins Walliser Priesterseminar nach Fribourg, denn dort werden sie unseren Glauben verlieren.«

»Wie bitte?«

»Ja, Sie haben richtig verstanden, tun Sie, was ich Ihnen sage, studieren Sie in einem Kloster Theologie und ich werde Sie dann zum Priester weihen.«

Auf keinen Fall wollte ich den katholischen Glauben verlieren. Die Erneuerer schienen schon so viel Heiliges den Hunden preisgegeben zu haben – das ging ja schon zu weit. Wie konnten sie nur die göttlichen Dogmen in Frage stellen?

Ins Kloster

1971 zog ich zusammen mit Vikar Jean-Marc Bonvin nach Österreich nach Tirol. In der Klosterkommunität des Werkes der Heiligen Engel (Opus Sanctorum Angelorum) erlebte ich eine strenge aber befriedigende asketisch-kontemplative Zeit. Das benediktinische Ora et Labora (bete und arbeite) füllte die Monate aus. Meine Nebenaufgabe war mit dem Aus- und Umbau des Klosters, einer ehemaligen Schlossburg, verknüpft; ich durfte Pläne zeichnen.

Das Theologiestudium sollte ich eigentlich in Rom in italienischer Sprache absolvieren. Nach fast einem Jahr Klosterleben zog ich es vor, in der Schweiz das Theologiestudium aufzunehmen.

Besuch meiner Verwandten im Kloster »Opus Sanctorum Angelorum« in Tirol, Pfingsten 1972

Im folgenden Jahr durfte ich an der theologischen Hausfakultät im Kloster Einsiedeln mit dem Theologie- und Philosophiestudium beginnen (1972 – 1975). Von den kirchlichen Auseinandersetzungen, die natürlich durch das 2. Vatikanische Konzil hervorgerufen waren, bekamen auch wir mehr und mehr ab. Sehr oft erinnerte ich mich an die Bemerkungen meiner Mutter, die damals im Januar 1973 verstorben war. Das Marienkloster Einsiedeln ist als Wallfahrtsort vielen Menschen bekannt. Als Kuriosum sticht die schwarze Muttergottesstatue in der sogenannten Gnadenkappelle ins Auge, die bei regelmäßigen Festlichkeiten von Mönchen mit den feierlichsten und auserlesensten Roben aus- und eingekleidet wird. Die tägliche Mönchsprozession hin zu dieser Statue bildet mit dem gesungenen »Sei gegrüßt, du Königin« (Salve Regina) als Höhepunkt eine ergreifende Attraktion für Pilger und Touristen.

An der theologischen Hausfakultät im Kloster Einsiedeln, 1973

Im Priesterseminar

Zu meiner Zeit musste jeder Walliser Seminarist mindestens zwei Semester im Walliser Priesterseminar in Fribourg zubringen. So wünschte es Regens Varone. Noch geprägt vom vorkonziliären Glaubensleben und den beiden Klostergemeinschaften im Tirol und in Einsiedeln, begegnete ich in Fribourg einer völlig anderen röm.-kath. Kirche. Die Gegensätze schienen mir so tiefgründig zu liegen, dass ich eine Zeitlang drauf und dran war, das Studium aufzugeben.

Was sollte diese massive Kritik an der heiligen, unfehlbaren Leitung im Vatikan rechtfertigen? Immer wieder wurden Fehler der Päpste aufgetischt. Ich fragte mich, was die Priester damit wohl bezwecken wollten. Konnten sich die Päpste in all ihren Entscheidungen nicht auf die vollkommene Führung des Heiligen Geistes verlassen? Darin wurden wir doch von

Kindesbeinen an unterwiesen. Wer konnte da wohl von Fehlern sprechen? War die Entziehung von Lehrstühlen gewisser Theologen durch Rom nicht gerechtfertigt? Sollte Rom etwa von Gott abfallen und protestantisch werden? Bevor wir jeweils am Freitag nach Hause gingen, versammelten wir uns in unserem Wohnheim, dem Salesianum, um einen gewöhnlichen Tisch. Der Vizeregens Prof. Hermann Venetz feierte mit uns das Messopfer. Er las nicht einfach die Messe mit allen einzuhaltenden Formeln und Gesten herunter. Weil er nicht wie üblich mit der Albe und der Stola und all den dazugehörenden liturgischen Gewändern bekleidet war, die Ritualgesten des Kanons nicht einhielt und dazu die Einsetzungsworte bei der Konsekration (Wandlung) in Walliserdeutsch sprach und dies noch auf einem gewöhnlichen Tisch vollzog, ohne Heiligenreliquien (getrocknete, konservierte Körperteilchen verstorbener Menschen, die in den Altären eingelassen sind), glaubte ich bei dieser Messe nicht an eine geschehene Transsubstantiation, an eine wirkliche Wandlung von Brot und Wein in Jesu Leib und Blut. Ich war empört über dieses sakrilegische, unchristliche (d. h. unkatholische) Getue.

So konnte ich mich des Eindrucks nicht erwehren, dass ich Schritt für Schritt die röm.-kath. Heimat verlor. Dagegen wehrte ich mich heftig. Die Dozenten oder Verantwortlichen hätten uns mit mehr Verständnis und Geduld in die neueren liturgischen und theologischen Errungenschaften des 2. Vatikanischen Konzils einführen sollen. Viele von uns hätten zu jener Zeit die Bestrebungen der liberalen Theologen besser verstehen können. In vielen ihrer Äußerungen und Verhaltensweisen hätten wir in der Bibel eine rechtfertigende Antwort für ihren Weg der Erneuerung gefunden und damit erkannt, dass sie dem Willen Jesu näher stehen, als was wir bis dahin als unfehlbare göttliche Wahrheit geglaubt hatten. Jedenfalls wollte ich mich unter keinen Umständen von den Sicherheiten lösen, die mir die röm.-kath. Kirche ins Herz gepflanzt hatte. Der Vatikan war für uns die Glucke, aus deren Eiern wir geschlüpft waren und in deren Dogmengefieder wir den Himmel zu verdienen glaubten. Die Bibel behandelten wir als ein literarisches Werk eigener Prägung. Es war für mich aber noch nicht das Buch, dem so viel Autorität zukommt, dass es für mich die Antwort Gottes auf die Fragen der Menschen von heute hätte sein können. Ich hatte es schlichtweg als Konkurrenz zur röm.-kath. Kirche empfunden, als ein Buch, das schlussendlich nichts zu sagen hat. Und ich war froh, dass der historisch-kritische Hammer jener Zeit die Bibel als ein Reden Gottes, Jesu und der Urchristen niederschmetterte. Die Bibel war für mich jenes Buch, mit dem man alles rechtfertigen konnte, das Buch der Protestanten und der vielen Sekten, die daraus entstanden waren.

Meine ersten Bibelabende

Eines Tages lud mich ein Studienkollege zu einem Bibelabend in die Krypta des Kapuzinerklosters ein und zwar, wie er mir sagte, zu einem echt katholischen Bibelabend. Was sich mir hier bot, konnte ich in keiner Weise dem röm.-kath. Glauben zuordnen. Ich befand mich, wie mir mein Begleiter darlegte – in einem katholisch-charismatischen Kreis (CE, heute auch: »Erneuerung aus dem Geist Gottes in der katholischen Kirche« genannt). Was war das wohl wieder? Die Versammelten sangen ungewohnt herzergreifende Lieder. Hier und dort erhob jemand seine Stimme zum Gebet, während andere durch Halleluja- und Amen-Rufe das Gebet bestätigten. Wieder jemand legte, wie man mir sagte, sein Glaubenszeugnis dar. Eine Frau erzählte, wie sie von der Prostitution frei wurde, als sie Jesus und sein Wort in der Bibel kennen lernte. Ich empfand diese Zeugnisberichte und die Gebete der Anwesenden als sehr schmuddelige und peinliche Angelegenheit. Ich war entsetzt über das unkatholische »Durcheinander« und konnte es kaum fassen, dass das hier röm.-kath. sein sollte.

Von Jugend an haben wir gelernt, dass es nur den »Heiligen« zusteht, ihre Erfahrungen und Gefühle mit Gott auszudrücken – meistens wurden diese erst nach ihrem Tode veröffentlicht! Uns stand das nicht zu. Ich wusste wohl, dass der ursprüngliche christliche Gottesdienst sehr lebendig war, viele Ausdrucksformen kannte, und dass er im Laufe der Zeit auf enge Rituale zusammengeschnürt worden war. Aber die Distanz von heute bis zu den Christen der ersten Jahrhunderte zurück schien mir gewaltig und nicht mehr aufholbar.

In der röm.-kath. Messe ist man gewöhnt, in der Kirche alles so zu praktizieren, wie alle es tun, sonst fällt man auf. Alle stehen auf, alle setzen sich, alle knien nieder, alle sagen Amen. Nun plötzlich diese Vielfalt im Benehmen und im Beten, das sich katholisch-charismatische Erneuerung nannte. Ich lachte über diese Verrückten und weinte über den Zerfall Roms.

Die Woche darauf wollten mein Kollege und ich ins Kino gehen, aber da war alles geschlossen und dunkel. In einer Gartenwirtschaft trösteten wir uns mit einem kühlen Bier, während von der Stadtkathedrale her die 20-Uhr-Glockenschläge an unsere Ohren tönten.

Ganz plötzlich und eindringlich lud mich mein Kollege ein: »Komm, wir suchen wieder diese lustigen Katholiken auf.« »Nein, ich gehe zurück ins Salesie«, antwortete ich, »denn mit dieser verrückten Sekte möchte ich nichts mehr zu tun haben, ich bin römisch-katholisch und dabei bleibt es, basta.« Ich betonte das römisch! Vor allem Neuen empfand ich nämlich Angst und große Unsicherheit, was ja im Grunde genommen verständlich war. Mein Kollege blieb fünf Minuten ruhig, dann lud er mich noch einmal ein mitzukommen. Ablehnend wollte ich soeben aufstehen und ins Salesie zurückgehen, als er mich anschrie: »Ein typisch sturer, starrköpfiger Walliser, rechts Berge, links Berge, hinten Berge, vorne Berge – Scheuklappen rechts und links, vorne und hinten – was darüber hinausgeht ist Sekte, ist verrückt, eine gründliche Auseinandersetzung wird gemieden, aus Angst und Feigheit, hejo!«

Von seinem Gefühlsausbruch ließ ich mich wohl kaum überzeugen, aber aus Liebe zu meinen Landsleuten willigte ich ein und spülte mit dem letzten Schluck Bier den Ärger hinunter. Als wir gegen 20.15 Uhr das Kloster erreichten und gerade in die Krypta hineingehen wollten, umarmte mich ein lieber, großgewachsener Pater, Pater Aristid, und küsste mich brüderlich, und kaum ließ er mich aus seinen großen Armen los, wiederholte sich dieses brüderliche Ritual von neuem durch den Leiter der Versammlung, Pater Tilbert. Mir widerstrebte diese Art der Begrüßung. Nie hatte mich ein Pfarrer beim Eingang zu einer Kirche geküsst. Diese Art der Begrüßung überforderte meine Gefühle. Zu alledem ergriff mich Pater Tilbert am Arm und setzte mich neben sich in den engsten Kreis der bereits Anwesenden, die mit Lobliedern und Gebeten die Größe Gottes priesen. Herzklopfen und Ärger über diese Szenerie schnürten mir die Gurgel zu. Immer wieder sagte ich mir: »Lass dich nicht erwischen, denn so fängt es an!« Nach einer Stunde »Kunterbunt« sprach Pater Tilbert über einige Verse aus der Bergpredigt, Matthäus 5–7. Seine Bibelauslegung rührte mein Suchen und meine Not an. Meine Gedanken öffneten sich dem Wort Jesu in der Bergpredigt. Freude zog in mein Herz ein. Aber da war wieder die Last und die Frage um das sonderbare Benehmen beim Singen und Beten, um dieses komische, eigenartige Gemurmel, das sich später als »Zungenreden« oder »Reden in Sprachen« herausstellte. Gehört das mit zum eigentlichen Glaubensleben der Christen, fragte ich mich?

Ein tiefes Gespräch mit Pater Tilbert bahnte sich nach dem Bibelabend an. Er erläuterte mir Geschichte und Sinn der katholisch-charismatischen Erneuerung und wie der Geist Gottes nun über die erstarrten traditionellen Staatskirchen hereinbreche und Jesus Christus und sein Wort in ihnen neu wirken würden. Im Laufe der Zeit erklärte er mir auch, dass es der Wille des Herrn sei, die Kirchen zu vereinen und dass gerade durch den charismatischen Aufbruch in der röm.-kath. Kirche die getrennten Brüder zurückfinden würden zum einen Hirten, dem »Heiligen Vater« (gemeint war der Papst). Diese seine Äußerungen und die Äußerungen anderer charismatischer Priester überzeugten mich und erfreuten mich sehr. Er zeigte mir auf und ich erkannte, dass die katholisch-charismatische Erneuerung den getrennten Brüdern ein Brückenschlag zurück zum Schoss der »Heiligen Mutter«, der römischen Kirche, sein würde. Bei diesen Gesprächen spielte auch Fatima und die »mysteriösen« Verheißungen dieser Marienerscheinung eine wesentliche Rolle.

Wort Gottes = Brot des Lebens

Was aber nicht vorauszusehen war, geschah. Denn von jenem Abend an wurde mir das Wort Gottes, die Bibel, im Gegensatz zum theologischen Bibelunterricht, entschieden ins Herz gelegt. Das Wort Gottes wurde zur täglichen Speise in all den Fragen und Nöten meines Lebens und für das Leben meiner Mitmenschen.

Mehr und mehr konnte ich verstehen, dass Jesus nicht nur damals Prostituierte freisprach und freisetzte, sondern auch heute dasselbe tut, in der Stadt Fribourg und überall. Das Wort Gottes wurde mir von jenem Abend an bis heute zum Brot des Lebens. Ich besuchte nun regelmäßig diese Gebetsversammlungen. Manchmal besuchte ich auch die französischsprachigen Treffen. Die Bibel wurde mir nun zum Beweisstück für das Leben der Christen. Gespräche mit Verantwortlichen öffneten meinen Blick für Gottes Absicht. Ganz aufgeregt las ich Bücher über das Wirken Gottes unter den Menschen von heute. Ich besuchte Bibelkurse und Bibelwochenenden der katholisch-charismatischen Erneuerung. Später besuchte ich auch überkonfessionelle Treffen im Sinn und Geiste der ökumenischen Bestrebungen der röm.-kath. Kirche.

»Jesus derselbe gestern und heute und in Ewigkeit« (Hebräer 13,8). Solche Sätze trafen mich plötzlich ins Herz, obwohl ich sie früher auch schon oft gehört hatte, aber damals rührten sie weniger mein Herz an, denn ich war wie festgenagelt, voreingenommen. Meine große Absicht und Freude lag nun mehr und mehr darin, zusammen mit gleichgesinnten Menschen innerhalb der röm.-kath. Kirche das Wirken Jesu sichtbar werden zu lassen. Die Menschen von heute, die so viele Friedensstrategien entwickeln und immer wieder ein Fiasko erleben, sollten wissen, dass Jesus sie liebt. Sie sollten wissen, dass das Evangelium heute genau so für ihr Leben gilt, wie zur Zeit Jesu. Diese Trennung zwischen dem, was wir in den Evangelien, in der Apostelgeschichte usw. lesen und dem, was wir als gute, anständige Kirchgänger lebten, sollte durch den aufgebrochenen Geist des 2. Vatikanischen Konzils überwunden werden. Die röm.-kath. Kirche sollte in einem neuen Licht erstrahlen, nach dem Willen Jesu. So glaubte ich es und so glaubten Millionen von röm.-kath. Kirchenmitgliedern. Dafür war ich bereit, mein Leben einzusetzen. Nach meinem Aufenthalt in Fribourg musste ich noch das obligatorische Pastorialjahr absolvieren.

Das Pastorialjahr 1976/77 war aufgeteilt in zwei Hälften. Eine Hälfte war dem Pastoralkurs im Priesterseminar St. Beat, Luzern, zugeordnet, die andere Hälfte einem Praktikum, das ich in der Pfarrei Münster im Wallis absolvierte.

In Zermatt

Nach meiner Priesterweihe am 19. Juli 1977 ernannte mich Bischof Adam zum Vikar von Zermatt. Ich bat Bischof Adam in einem Telefonanruf, meinen Mitbruder P. Zurbriggen, mit dem zusammen ich zum

S. 102–107: Priesterweihe und Primiz in Salgesch, 19. Juni 1977

Priester geweiht worden war, nach Zermatt zu schicken, da er weltgewandter sei. Der Weltkurort Zermatt war bekannt als ein modernes Sodom und Gomorrah – davor hatte ich Angst! So sagte ich Bischof Adam: »Wenn ich in einem halben Jahr nicht mehr

Priester bin, werde ich Sie verantwortlich machen
müssen.« Der Bischof antwortete: »Ja, das werde ich
gerne auf mich nehmen, Gott mit Ihnen« und der
Hörer war aufgelegt. Zu dieser Zeit existierten im
Oberwallis noch keine katholisch-charismatischen Bi-

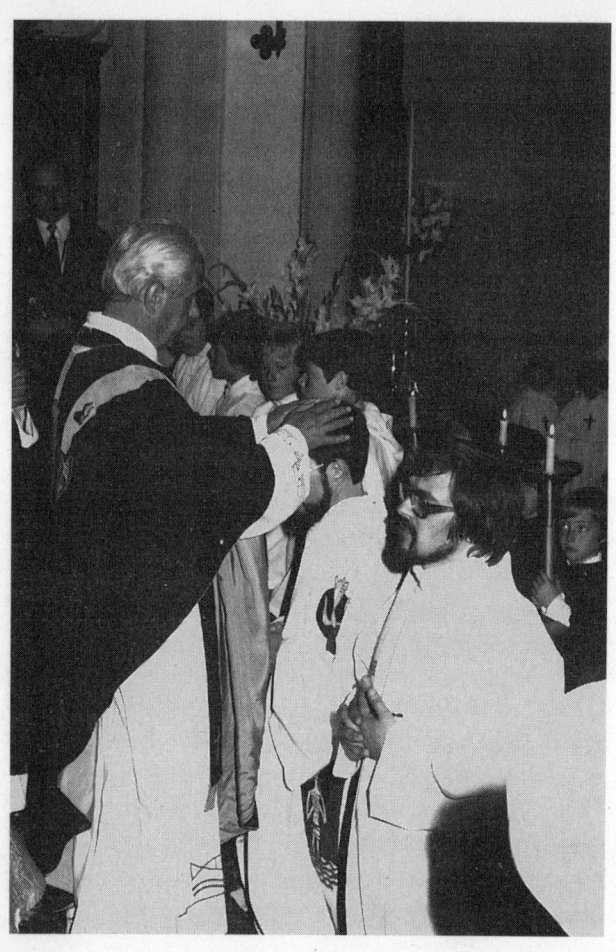

belhauskreise. An einem Sonntag im Februar 1978
lud ich in allen vollbesetzten Gottesdiensten voller
Zuversicht zu einem Bibelabend ein, mit den Worten: »Wer das Wort Gottes tiefer kennen lernen und
Jesus bewusster lieben und folgen möchte, der möge

doch am 11. Februar um 20.00 Uhr ins Pfarrhaus
kommen.«

Zwei junge Menschen, die bereits regelmäßig in
der Bibel lasen, folgten der Einladung. Von Monat zu
Monat wuchs der Bibelkreis. Der Herr segnete uns:

Frauen begegneten ihren Männern ganz neu; Leute wurden von der Trunkenheit befreit; Drogensüchtige wurden frei; Menschen regelten ihre Verhältnisse auf dem Arbeitsplatz; Nachbarn versöhnten sich; Suizidgefährdete fanden Heilung und Befreiung ...

Während dieser ersten Zeit als Priester in Zermatt stellten mir die Schüler der 3. Real beim Religionsunterricht Fragen über die Bibel. Das unübliche Verhalten verleitete mich zu der Annahme, dass jemand diese Schüler beeinflussen müsste. Als ich danach fragte, reagierten sie mit Schmunzeln und eisernem Schweigen. Das werden wir wohl noch herausbekommen, dachte ich mir.

Als ich eines Tages beim Unterricht die Wandtafel wendete, sah ich auf der Rückseite einige Bibelverse aufgezeichnet. Sofort war mir klar, dass es sich dabei um den neuen Klassenlehrer Ronald Schmid handeln musste. Stillschweigend notierte ich mir diese Verse und suchte im Pfarrhaus in der Bibel nach deren Aussagen. Es handelte sich um zentrale göttliche Aussagen wie Erlösung, Wiedergeburt, Heilsgewissheit u.a.m.

Abends suchte ich Ronald Schmid auf. Strengstens verbot ich ihm, diese Jugendlichen religiös zu beeinflussen. Falls er damit fortfahre, könne es sein, dass ihm der Lehrdienst fristlos gekündigt werde. Er wies darauf hin, dass diese Jugendlichen nun hinaus in die Welt gehen würden und ein solides Glaubensfundament bräuchten, um bestehen zu können. So verkündigte er ihnen täglich eine Viertelstunde Gottes Wort. Bei der Diskussion erkannte ich seine Aufrichtigkeit, vermutete aber, er gehöre einer Sekte an. Es kam zu weiteren Streitgesprächen mit ihm. Meistens nachts, denn ich wollte anfänglich nicht, dass ihn jemand ins Pfarrhaus kommen sah. In manchen Stunden diskutierten wir über wesentliche Glaubensinhalte der Heiligen Schrift. Seine biblisch fundierten Aussagen beschäftigten mich nachhaltig.

Eine weitere wichtige Person für mich war Bernhard Dura. Er hatte ein Jahr lang als Schweizer Gardist das Diplomatengetümmel des Vatikans aus nächster Nähe erlebt. Was er dort erfuhr, schien ihm im Lichte der Lehre des Petrus und der übrigen Jünger des Herrn als völlig absurd. Er kündigte den Gardistendienst und fand zum Glauben an Jesus Christus. Im »Walliser Bote« erschienen Ende der 80er Jahre regelmäßig Artikel von ihm, die den Widerspruch zwischen der Lehre der Apostel und der Lehre der Päpste aufdeckten. Verständlicherweise versuchte die katholische Obrigkeit ihn zum Schweigen zu bringen. Das mutige Bekennen dieses Mannes beeinflusste mich tiefgreifender, als ich dachte. Ich las seine veröffentlichten Artikel regelmäßig und prüfte sie anhand meiner katholischen Bibel. Ich konnte Bernhard Dura nur zustimmen, denn er zitierte ja nur das, was Jesus Christus, Petrus, Paulus und die übrigen Apostel lehrten. Auch andere Christen meldeten sich zu Worte.

Christen dürfen keine Diplomaten sein, wie Jesus Christus auch keiner war. Gegen ein in den Medien verzerrtes Evangelium müssen wir in aller Ernsthaftigkeit reagieren. Wenn die Bibel verfälscht wird, dürfen wir das nicht einfach stehen lassen. Viele suchende Menschen, vor allem auch Katholiken, sind durch diese veröffentlichten Reaktionen zum Glauben an Jesus gekommen. Ich bin dem Herrn zutiefst dankbar für solch mutige Bekenner auf meinem Glaubensweg.

Das alles schien in Zermatt wie ein Tropfen auf den heißen Stein zu sein. Doch der Herr sah unser Suchen und unser Bestreben, seinen Willen zu erfüllen und segnete diese Treue, auch wenn uns Fehler unterliefen.

Angriffe verschiedenster Art sollten uns schwächen, entmutigen und zum Aufgeben zwingen. Vor allem ein okkultes Feuer, das durch Beschwörung in meiner Pfarrwohnung in Zermatt zweieinhalb Tage lang brannte und ein starkes Beben am folgenden Montag im Versammlungsraum, über dem alten Skischulbüro, sollte zu schlimmen Vermutungen und Verleumdungen gegen uns führen.

Im Laufe der Zeit bildeten sich auch in anderen Dörfern des Oberwallis kleine Bibelhauskreise. Auch Bischof H. Schwery, der 1978 sein Amt antrat, unterstützte die CE. Als vor wenigen Jahren in Randa die Firmung stattfinden sollte, wünschte der Bischof eine öffentliche charismatische Gebetsstunde für die CE im Tal. Wir staunten darüber, musste er doch mit einer starken Kritik des Klerus rechnen. Zu Beginn der Gebetsstunde sagte der Bischof: »Wir sind beim Beten so kalt wie die Gletscher.« Seinen Mut, solches auszusprechen, erstaunte uns noch mehr.

Mit Zermatter Jugendgruppe auf dem Rimpfischhorn

Gottesdienst im Freien, Zermatt, Schwerzsee 1980

Der Bischof hatte bereits nach seinem Amtsantritt, als er sich vor dem versammelten Klerus des Oberwallis im Bildungshaus St. Jodern in Visp vorstellte und seine Vision vorlegte, gesagt: »Die Kapellen und Kirchen im Wallis sind restauriert, aber das Volk ist noch heidnisch.« Damit hatte er sich unter der Geistlichkeit viele Feinde geschaffen.

Sein Fastenbrief vom 2. Februar 1981 bedeutete für uns eine Ermutigung besonderer Art. Dieser Brief lehnte sich stark an die Bibel an. Der Bischof und sein Fastenbrief wurde von den meisten Priestern heftig kritisiert und heruntergemacht. Wir fragten uns: »Wie lange wird unser Bischof diesen mutigen Weg Richtung Jesus Christus gehen können?«

Mein letzter Kampf als römischer Katholik

Wie es in Touristenorten nicht anders möglich ist, kam ich mit sehr vielen Christen aus Freikirchen aus aller Welt in Berührung. Gespräche über Gottes Wort und die Sonder- und Irrlehren von religiösen Gemeinschaften waren unvermeidlich. Das wiederum bewegte mich mit Freude und Begeisterung, nach der tieferen Wahrheit in der Bibel zu suchen und die vielen Lehren meiner Kirche noch intensiver im Lichte der Evangelien und der Briefe der Apostel zu prüfen. Es ist offensichtlich, dass heute der Großteil der Priester um so viele Irr- und Sonderlehren der röm.-kath. Religion weiß. Aber die lange Religionstradition hält die Volksmassen gebunden. Es ist gar nicht so leicht, etwas an dieser Tradition zu ändern, denn religiöse Sonder- und Irrlehren haben sich als fromme Volksgewohnheiten über Generationen hinweg tief ins Leben der Massen eingeprägt.

Pfarrempfang in Grächen am 27. 8. 1983

Sich der Wahrheit Gottes in der Bibel zu öffnen, birgt für den Vatikan ein zu großes Risiko. Das 2. Vatikanische Konzil hat im Nachhinein bewiesen, wie gefährlich sich Erneuerungen und Annäherungen an Gottes Wort für den Vatikan auswirken können. Weil so viele das röm.-kath. System verlassen, sieht sich der Vatikan neu verpflichtet, den Volksmassen die Irr- und Sonderlehren zu belassen. Sie sollen ihnen neu als die Wahrheit vorgegaukelt werden. Man glaubt, dadurch doch einige hundert Millionen bei der Stange zu halten. Es ist nicht einfach, das, was man dem Volk einst unter ewigen Höllenandrohungen »im Namen Gottes« als Wahrheit und Gottesreden eingeimpft hat, allmählich unter den Tisch zu kehren! Das Volk hat ein Recht auf die volle Wahrheit. Ohne gründliche Buße und Hinwendung zum Wort Gottes kann diese Wahrheit dem Volk nicht gegeben werden.

Einige Monate bevor ich öffentlich denunziert wurde – ich war mittlerweile Pfarrer in Grächen –, las ich besonders intensiv im Neuen Testament. Durch manche Gespräche und die unheilvollen Umstände unter der röm.-kath. Obrigkeit bestärkt, schien es mir das einzig Richtige zu sein, die Botschaft Jesu und der Apostel an die Menschheit mit kindlich offenem Herzen zu lesen, mit Freude aufzunehmen und Schritt für Schritt in die Tat umzusetzen. Mir fiel auf, wie sehr Jesus und die Apostel immer wieder dazu auffordern, in Jesu Wort und in der Lehre der Apostel zu bleiben, weil hier der Wille des Vaters im Himmel zum Heile der Menschen kundgetan ist! Wer Jesu Wort nicht glaubt und lebt, stirbt in der Sünde! Wer über die Lehre in den Briefen der Apostel hinausgeht, ist ein Wolf im Schafspelz! Wer nicht durch die

Tür, die Jesus Christus ist, ins Reich Gottes hineingeht, ist ein Dieb und ein Verbrecher! Wer etwas zum Wort Gottes hinzufügt, empfängt die Qualen, die in der Offenbarung verheißen sind, und wer etwas vom Wort Gottes hinweg nimmt, dem wird der Anteil an der Frucht vom Baum des Lebens und an der heiligen Stadt weggenommen!

Ich erkannte, in was für ein religiöses Chaos sich vor allem meine röm.-kath. Kirche durch Ungehorsam im Laufe der Jahrhunderte hineingestürzt hatte. Ich erkannte die schrecklichen Konsequenzen für diese Kirche, wie sie die Offenbarung vorhersagt. Ich erkannte, dass diese mächtige Institution nicht bereit ist umzukehren! Das 1983 neu herausgegebene Kirchenrecht bestätigte, dass der Vatikan das Gnadenangebot der Reformation wieder einmal ausgeschlagen hat.

Meistens reichte der Tag mit seinen vielen Anforderungen zum Bibellesen nicht aus, so dass ich mich über die stillen Nachtstunden im Zwiegespräch mit dem Herrn freute. Diese innige Gemeinschaft mit Gott half mir, die inneren Kämpfe in der Auseinandersetzung mit seinem Befehl und dem Befehl des Vatikans, die immer heftiger wurden, als ein sanftes, nützliches und notwendiges Joch des Herrn zu ertragen. Der Konflikt, die Spannung, zwischen dem, was ich als Gottes Wille, Gottes Befehl las, und dem, was ich in der Pfarrei im Widerspruch zur Bibel lehren und tun musste, spitzte sich von Woche zu Woche zu. Ich stand nun vor einer wichtigen Entscheidung. Vom Verstand her waren mir die Widersprüche zwischen Gottes Wort und vielen röm.-kath. Lehren klar, aber ich fürchtete doch die vielen Reaktionen unter den Mitmenschen. Mit Hunderten von Gegenargumenten versuchte ich mich zurückzuhalten. Ich bat Gott, er möge mir doch auf meine Bedenken, Fragen und Ängste antworten, er möge mir nicht nur vom Verstand her Gewissheit geben, sondern auch im Herzen Ruhe und Gewissheit schenken, damit ich ihm in allem die Treue halten könne, wenn Stürme hereinbrächen!

Immer wieder brachte ich Gott meine Einwände vor. »Aber«, so sagte ich, »Gott, Du kannst doch nicht von mir verlangen, dass ich diese Kirche mit ihren Widersprüchen verlasse, denn wo gibt es diese Widersprüche nicht? Bedenke, dass in römisch-katholischen Gebieten Politik und Kultur, Kirchenfeste und Zeremonien, Ämter und Titel das Christentum aufgesogen haben. Die meisten von uns römischen Katholiken glauben wirklich, dass sie so das wahre Christentum leben und deinen Willen tun! Sie denken doch nicht im Geringsten daran, dass sie irregeleitet sind und den Willen von religiösen Führern tun, anstatt deinen Willen. Kaum jemand von Grächen und nur die wenigsten von meinen Landsleuten werden mich verstehen können, wenn ich allein deiner Botschaft an die Menschheit gehorche und folge! Und all die Freunde – werden sie nicht zu meinen Feinden? Sie werden überzeugt sein, dass ich vom Glauben abgefallen bin. Priester werden sie darin bestärken.«

In seinem Wort erhielt ich Antwort: »Wer sich nun vor den Menschen zu mir bekennt, zu dem werde auch ich mich vor meinem Vater im Himmel bekennen« (Matthäus 10,32).

»Aber Herr, du kannst heute doch nicht so eng sein im Zeitalter der Ökumene, des New Age und des religiösen Universalismus? Alle reden von Frieden und von einer neuen Welt! Sicher widerspricht

117

dieses Denken der Gesamtheit deiner Worte, aber was will ich als kleiner Mensch mich dagegen sträuben? Ich bin der Meinung, dass du nicht so eng und stur sein kannst!«

Meine Meinung über Gott entspannte mich. Mit viel Freude stürzte ich mich weiterhin in die pfarreilichen Verpflichtungen. Für einige Tage hatte ich meine »Ruhe«. Aber dann sprach mich Gott mit seiner Botschaft wieder neu an. Er legte mir dar, dass er heute der gleiche Gott, mit den gleichen Befehlen ist und mit den gleichen Erwartungen an die Menschen von heute herantritt wie zu der Zeit, als Jesus Christus auf dieser Erde weilte und seinen Willen kundtat!

»Amen, das sage ich euch: Bis Himmel und Erde vergehen, wird auch nicht der kleinste Buchstabe des Gesetzes vergehen, bevor nicht alles geschehen ist. Wer nur eines von den kleinsten Geboten aufhebt und die Menschen entsprechend lehrt, der wird im Himmelreich der Kleinste sein. Wer sie aber hält und halten lehrt, der wird groß sein im Himmelreich« (Matthäus 5,18-19).

»Jesus Christus ist derselbe, gestern, heute und in Ewigkeit. Lasst euch nicht durch mancherlei fremde Lehren irreführen« (Hebräer 13,8-9).

»Da sagte er zu den Juden, die an ihn glaubten: Wenn ihr in meinem Wort bleibt, seid ihr wirklich meine Jünger« (Johannes 8,31).

»Nicht jeder, der zu mir sagt: Herr! Herr!, wird in das Himmelreich kommen, sondern nur wer den Willen meines Vaters im Himmel erfüllt … Wer diese meine Worte hört und danach handelt, ist wie ein kluger Mann, der sein Haus auf Felsen baute« (Matthäus 7,21.24).

»Sie werden mich verachten, schmähen, das alles werde ich nicht verkraften können!« In Matthäus 5,10-12 gab der Herr mir seine Antwort: »Selig, die um der Gerechtigkeit willen verfolgt werden; denn ihnen gehört das Himmelreich. Selig seid ihr, wenn ihr um meinetwillen beschimpft und verfolgt und auf alle mögliche Weise verleumdet werdet. Freut euch und jubelt: Euer Lohn im Himmel wird groß sein. Denn so wurden schon vor euch die Propheten verfolgt.«

»Werde ich nicht in der Öffentlichkeit wie ein Narr dastehen?«

Mir kam Paulus in den Sinn, der den Christen von Korinth schreibt: »Wir sind Narren um Christi willen …« (1. Korinther 4,10). Die Welt hält die Christen für Narren, weil sie Christus ernst nehmen, ihm glauben. Vor allem die christlich-religiösen Menschen können die Christen nicht verstehen, weil die religiösen Menschen ja nur den Jesus der Sakramente kennen, den der Katholik in Form eines Stück Brotes zu sich nimmt, das vorher von einem bestimmten Mann durch ein Ritual verwandelt worden ist. Das kannten weder Jesus noch die Apostel. Darum kennt der Katholik keine persönliche Jesus-Beziehung, nur die materiell-magische oder sakramental-mystische. Er bleibt an das Versprechen seiner Kirche gebunden, ohne den biblischen Inhalt, ohne echte Buße und Umkehr. Jene, die Jesus Christus gehorsam sind, sind also verrückt, übertreiben, sind fanatisch, gehen zu weit!

Ich fragte mich, bist du bereit, ein solcher Narr zu sein um Christi willen? Ich las in Matthäus 11,25-26 die Worte des Herrn: »In jener Zeit sprach Jesus: Ich preise dich, Vater, Herr des Himmels und der Erde, weil du all das den Weisen und Klugen verborgen, den Unmündigen aber offenbart hast. Ja, Vater, so hat es dir gefallen.«

»Und glückselig ist, wer sich nicht an mir ärgern wird!« (Matthäus 11,6).

»Sie werden mich Teufel und Satan nennen?«

»Und ihr werdet um meines Namens willen von allen gehasst werden; wer aber bis zum Ende standhaft bleibt, der wird gerettet … Ein Jünger steht nicht über seinem Meister und ein Sklave nicht über seinem Herrn. Der Jünger muss sich damit begnügen, dass es ihm geht wie seinem Meister, und der Sklave, dass es ihm geht wie seinem Herrn. Wenn man schon den Herrn des Hauses Beelzebul nennt, dann erst recht seine Hausgenossen« (Matthäus 10,22-25).

Die Aussagen des Herrn schienen mir nicht mehr in das ökumenische New Age, den Religionsuniversalismus unserer Zeit zu passen. Ich stieß all das von mir, was ich in der Heiligen Schrift las; denn ich dachte an all meinen Erfolg, die vielen schönen Erlebnisse und Zeremonien mit den vielen Freunden und Bekannten in den Gottesdiensten und im Alltagsleben. In der nächsten Zeit, als ich mich so »wohlfühlte« in meiner röm.-kath. Kirche, sagte ich zum Herrn: »Aber das wird viel Streit geben in den Familien. Das ist einfach verrückt. Du bist doch für den Frieden, nicht wahr?«

Nachts erhielt ich die Antwort aus Matthäus 10,34-39: »Denkt nicht, ich sei gekommen, um Frieden auf die Erde zu bringen. Ich bin nicht gekommen, um Frieden zu bringen, sondern das Schwert, denn ich bin gekommen, um den Sohn mit seinem Vater zu entzweien und die Tochter mit ihrer Mutter und die Schwiegertochter mit ihrer Schwiegermutter; und die

Hausgenossen eines Menschen werden seine Feinde sein. Wer Vater oder Mutter mehr liebt als mich, ist meiner nicht würdig und wer Sohn oder Tochter mehr liebt als mich, ist meiner nicht würdig. Und wer nicht sein Kreuz auf sich nimmt und mir nachfolgt, ist meiner nicht würdig. Wer das Leben gewinnen will, wird es verlieren; wer aber das Leben um meinetwillen verliert, wird es gewinnen.«

Ich sollte also zuerst dem Herrn, meinem Gott, gehorsam sein und aus dieser Verbindung heraus die Mitmenschen und Hausgenossen lieben und nicht umgekehrt, wie es die meisten Menschen tun, aus menschlicher Rücksicht den Willen Gottes verleugnen und die kirchlichen Vorschriften von Menschen an vorderste Stelle setzen!

Ich sagte zu Gott: »Du bist hart, mein Gott, aber gerade darum bist du uns mit deinem Willen ein Ärgernis in der Welt, denn wir wollen den Frieden mit allen!

Aber, Herr, ich weiß von immer mehr Menschen, auch im Wallis und von Priestern in der ganzen Welt, die dir gehorsam werden und sich von allen christlichen Scheinlehren distanzieren und lossagen! Sie haben ihr Allerteuerstes, ihre nächsten Angehörigen verloren – muss das denn in der Nachfolge sein? Als Priester bin ich doch von den meisten Menschen geachtet und geehrt. Bisher musste ich keine Feindschaften größeren Ausmaßes ertragen. Auch meine Angehörigen achten und schätzen mich. Alle sind freundlich zu mir!«

Aber unweigerlich erhielt ich Antwort in Markus 3,20-35: »Jesus ging in ein Haus und wieder kamen so viele Menschen zusammen, dass er und die Jünger nicht einmal mehr essen konnten. Als seine Angehörigen davon hörten, machten sie sich auf den Weg, um ihn mit Gewalt zurückzuholen; denn sie sagten: Er ist von Sinnen. Die Schriftgelehrten, die von Jerusalem herabgekommen waren, sagten: Er ist von Beelzebul besessen …« (Markus 3,20-22).

»Da kamen seine Mutter und seine Brüder; sie blieben vor dem Haus stehen und ließen ihn herausrufen. Es saßen viele Leute um ihn herum, und man sagte zu ihm: Deine Mutter und deine Brüder stehen draußen und fragen nach dir. Er erwiderte: Wer ist meine Mutter, und wer sind meine Brüder? Und er blickte auf die Menschen, die im Kreis um ihn herumsaßen und sagte: Das hier sind meine Mutter und meine Brüder. Wer den Willen Gottes erfüllt, der ist für mich Bruder und Schwester und Mutter« (Markus 3,31-35).

Nun verstand ich die Worte Jesu in Markus 10,28ff. Jesus nachfolgen heißt also den Willen des Vaters tun, wie Jesus Christus bereit sein, mit Gott zusammen zu denken, zu reden und zu handeln und nicht mehr so, wie die kirchliche Welt es tut. Petrus lernte das bei Jesus, darum sagte er: »Siehe, wir haben alles verlassen und sind dir nachgefolgt.« Petrus lernte (wie die übrigen Jünger) mehr und mehr die Absicht und den Willen Gottes in den Vordergrund seines Lebens zu stellen. Damit hatte er alles, was ihm lieb und teuer war, zurückgestellt, aber nicht vernachlässigt. Denn wer den Willen Gottes tut, kann seine Angehörigen und all das, was ihm anvertraut ist, ganz neu lieben und verwalten. Petrus hat nicht seine Frau und seine Schwiegermutter verlassen. Es wird uns von seiner Berufung in Matthäus 4,18-22 berichtet, später lesen wir von der Heilung seiner Schwiegermutter in Matthäus 8,14-17. Paulus bestätigt uns in 1. Korinther 9,5, dass auch er auf seiner Missionsreise das Recht hat, »eine Schwester als Frau« mitzunehmen, wie die »übrigen Apostel und die Brüder des Herrn und Kephas«. Petrus! Petrus nahm also seine Frau mit auf die Missionsreisen.

Wer Jesus nachfolgt, wird von Christus Jesus mit einer neuen Beziehung zu allen und zu allem beschenkt. Diese neue Beziehung, die sich von menschlichem Scheinchristentum und christlichen Scheinlehren löst und den Willen Jesu in den Mittelpunkt des Lebens stellt, fordert die Umwelt zu Reaktionen heraus. Die röm.-kath. Kirche redet viel von Jesus Christus, aber lehrt und tut nicht, was Jesus und die Apostel lehrten und lebten. Mit ihrem frommen Schein kann sie die Massen phantastisch täuschen. Unzählige Katholiken wissen das, aber wegen wirtschaftlicher, beruflicher und freundschaflicher Beziehungen verraten sie lieber Jesus Christus, den Gerechten, als dass sie mutig ihren Herrn und Meister mit allen Konsequenzen bekennen! Sie möchten wohl als Christen erscheinen, lehnen aber die Grundlage des christlichen Glaubens, die Bibel, ab. Sie wissen genau warum, denn dann müsste sich in ihrem Glaubensleben so vieles verändern. Das wollen sie nicht. Sie lieben das Ansehen bei den Mitmenschen mehr als das Ansehen Gottes, vor dem sie nach kurzem irdischem Leben erscheinen müssen.

Über Monate rang ich mit dem Herrn! Eines Nachts schenkte mir der Herr die innere Gewissheit, dass ich nicht mehr länger Diener dieses gottlosen, frommen Systems sein würde und dass ich mich auf die Loslösung vorbereiten sollte. Ich wollte das Wallis in aller Stille verlassen, um Ärger und Spannungen unter dem Volk zu vermeiden, denn ich wollte immer noch meine Haut vor diesen Auseinandersetzungen retten.

Ich bat Gott, mir durch einen Menschen, der ihn brennend liebt, meinen Weg zu bestätigen. Über Wochen fragte ich mich bei fast jedem Besuch im Pfarrhaus oder bei sonstigen Bewegungen: »Herr, ist es dieser Mensch, der mir deinen Willen bestätigt?« Immer spürte ich gleich nach wenigen Minuten, dass hier das echte Feuer für den Herrn und seinen Willen fehlte. In dieser Zeit litt ich unter großer Einsamkeit!

Ich sagte zum Herrn: »Bestimmt genügen mir deine Verheißungen. Ich glaube dir und folge dir, aber ich bin ein Mensch. Eine Bestätigung von einem Menschen, der mich nicht kennt, könnte mich doppelt segnen und dich doch nichts kosten?«

Eines Abends lud mich die Pfarreisekretärin, Frau Justine Schlierig-Julen, nach der Bibelstunde für den folgenden Tag zu einem Gespräch bei einer gläubigen Touristenfamilie namens Schroff ein. Die Familienhelferin von Herrn Schroff hatte am Bibelabend teilgenommen. Mit der Bemerkung: »Wer weiß, was das wohl wieder für eine Sekte ist« wies ich die Einladung zurück. Justine aber erzählte mir von den Erfahrungen dieser Familie mit Gott. Dabei horchte ich auf, und willigte ein.

Als wir uns am folgenden Abend trafen, erkannte ich sofort, dass Gott mich durch dieses Ehepaar bestätigen würde. Als wir miteinander beteten, bestätigte Martin Schroff, ohne mich und meinen Kampf zwischen dem Willen Jesu und dem Willen des Vatikans zu kennen, was Gott mir gezeigt hatte. Ich war tief betroffen. Einzig in einem wichtigen Punkt klaffte mein Vorhaben mit der Äußerung von Martin auseinander. Ich wollte ja das Wallis still und ohne Aufsehen verlassen. Martin aber wies im Gebet auf eine große Auseinandersetzung im Wallis hin, die wegen meiner Entscheidung für Jesus gegen den Vatikan entfacht würde. Ich sollte mich auf das Schlimmste vorbereiten!

Nun, Gott hatte Martin diese Worte und ein geistiges Bild für mich geschenkt. Das passte aber nicht zu meinem Naturell. Der Friede mit den Menschen schien mir einfach noch wichtiger zu sein. So dachte ich bei mir, hier mag sich Herr Schroff wohl getäuscht haben. Ich bin doch gerade daran, mit Gott ein Abkommen zu vereinbaren, das darin besteht, beim nächsten Pfarrwechsel in aller Stille das Wallis zu verlassen. Martin legte mir sein Bild und die Eindrücke, die Gott ihm gezeigt hatte, noch einmal dar und wies auf alles hin, was auf mich zukommen sollte. Mir schien das alles aber einfach nicht möglich zu sein. Doch nach wenigen Monaten wurde ich vom bischöflichen Ordinariat ganz plötzlich in eine öffentliche Auseinandersetzung hineingezogen. Ich hatte es mir nicht vorstellen können, aber das Reden Gottes durch Martin hatte sich bestätigt!

Bibelabende:
»... der ist mein Bruder und meine Schwester und meine Mutter«

Rückblickend möchte ich nun kurz die Geschichte der Bibelabende aufzeigen. Kurz vor meiner Pfarreinführung in Grächen 1983 hatte ich den dortigen Pfarrer besucht. Nach einem intensiven Gespräch, bei einer Flasche Wein, wusste ich, dass ich in Grächen nicht sofort mit einem Bibelkreis beginnen durfte. Zu jener Zeit war ich noch sehr an die kirchlichen Lehrmeinungen gebunden und zu zaghaft. Es fehlte mir noch eine tiefere Erkenntnis der biblischen Wahrheit. So ließ ich mich manchmal einem faulen Frieden zuliebe davon abhalten, den Willen des Herrn zu tun. Mein Vorgänger hatte mir mit dem Boykott der Pfarrhelfer gedroht, falls ich, wie in Zermatt, die Leute um die Bibel scharen sollte.

Gesundheitlich geschwächt und der Auseinandersetzungen mit einigen Priestern und dem kirchlichen Lehramt müde, war ich froh um diese Drohung und um die Aufforderung des damaligen Generalvikars Edmund Lehner, mich dem Frieden zuliebe für ein Jahr still zurückzuhalten. Ich sollte mich an die Praxis des Vorgängers halten und keine Veränderungen irgendwelcher Art vornehmen.

Nach einigen Monaten Pfarreileben in Grächen brannte in mir die Sehnsucht nach tieferer biblischer Lebens- und Gebetsgemeinschaft mit anderen Gläubigen so sehr, dass ich mitten in einer Sonntagspredigt solche, die im Glauben wachsen wollten, zu einem ersten Bibel- und Gebetsabend einlud.

Als ich nach dem Gottesdienst in der Sakristei die liturgischen Gewänder ablegte, hätte ich mir am liebsten die Haare aus dem Kopf gerissen, denn eine unheimliche Ahnung von dem, was da kommen sollte, stieg in mir auf. Ich bat den Herrn um Kraft und las in der Bibel ermutigende Worte, die mein Vorhaben bestätigten und mich bestärkten.

Für etwas Neues, das Bequemlichkeit zu versprechen scheint, ist der Mensch naturgemäß ansprechbar. Sobald er sich aber eine Entscheidung mit Konsequenzen in der Öffentlichkeit abringen muss, lässt er sich oft gar nicht darauf ein.

Für den ersten Bibelabend betete ich öfters zum Herrn, er möge die Herzen einiger Leute öffnen, er möge ihnen den Zugang zu seinem Wort verschaffen. Mehrere Leute sagten mir in den nächsten Tagen, sie würden so gerne mitmachen, aber sie seien von ihren Angehörigen bedroht und verspottet worden.

Als wir den ersten Bibel- und Gebetsabend in der kleinen Jakobskapelle abhalten wollten, zeigte sich gleich, dass wir umsiedeln mussten. Rund 50 Personen fanden sich ein, weit mehr als wir erhofft hatten. So zogen wir in den sogenannten »alten Teil« der Kirche um. Ich zeigte den Leuten den Sinn dieser Bibelabende auf und wies auf den Reichtum und den Segen des Wortes Gottes für ihr Leben hin. Ich machte sie auch auf die Verantwortung und gewisse Konsequenzen aufmerksam, die der Herr von uns erwartet, damit wir Zeugnis für die Welt von heute sein können. Die Leute sollten spüren, dass, wenn sie sich auf Jesus einließen und ihn mutig bezeugten, ihnen auch die Erfahrung der ersten Christen geschenkt sein würde. Jesus lädt uns in Matthäus 11,28-30 mit folgenden Worten ein: »Kommt her zu mir alle ihr Mühseligen und Beladenen und ich werde euch Ruhe geben. Nehmt auf euch mein Joch und lernt von mir, denn ich bin sanftmütig und von Herzen demütig und ihr werdet Ruhe finden für eure Seelen; denn mein Joch ist sanft, und meine Last ist leicht.«

Wir entschlossen uns, jede Woche einmal zum Bibellesen und Beten zusammen zu kommen. Beim Lesen der Bibel wurden sich alle Teilnehmer bewusst, wie wenig wir eigentlich vom Wort Gottes im täglichen Leben wussten. Wir litten unter der großen biblischen Unwissenheit, unter der deprimierenden Unkenntnis der christlichen Wahrheit in unserem Volk. Aberglauben, Okkultismus, Spiritismus, Alkoholismus, Unzucht, Ehebruch, Wollust, Gemeinheiten und Ausschweifungen jeder Art zerstören so viele einzelne Menschen und ganze Familien. Manchmal müssen Menschen in unsagbaren seelischen Nöten dahinvegetieren, ohne dass ihnen die angestammte Religion Hilfe bringen kann. Im Gegenteil. Die konfessions- und traditionsversunkene Priesterschaft hält Menschen von Jesus und seiner Einladung fern. Sie tut das, indem sie die Errettung durch gute Werke lehrt oder durch religiöse Programme und Weiterbildungskurse, die einer bestimmten Elite etwas Abwechslung zum Alltag bringen, aber keine wesentlichen Veränderungen unter dem Volk bewirken. Viele Priester und religiöse Räte fühlen sich so als engagierte Christen. Natürlich unternehmen viele von ihnen sehr viel – aber welches Unternehmen muss nicht mit allen Mitteln versuchen, die Leute bei der Stange zu halten? Dieses Management ist Jesus und seinen Jüngern fremd. Das Volk weiß dies nicht, da es die Heiligen Schriften oberflächlich kennt und ihm der Zugang dazu durch philosophische Interpretationen der Schrift mit all den Sonder- und Irrlehren versperrt bleibt. So begleiten und erfüllen die meisten Katholiken die kirchlichen und folkloristischen Festpflichten in guter Absicht. Die Folge ist früher oder später Trauer und das Empfinden von Sinnlosigkeit. Wo die persönliche Beziehung zu Jesus Christus fehlt, kann es kein lebendiges, mutiges und über den Sinn des täglichen Lebens hinausweisendes Ziel geben. Oder wenn es dieses Ziel gibt, ist es meistens von Angst gekennzeichnet.

Viele Katholiken suchen Wahrsager auf oder Pendler, Kartenleger, Handleser, Magnetisten etc. und gehen trotzdem am Sonntag in die Kirche und zur Kommunion. Sie sind sich nicht bewusst, dass diese okkulten Dinge vor Gott ein Gräuel sind, weil ein Großteil der Geistlichkeit und der Ordensleute selbst diese Dinge treiben oder sie gutheißen. Es fehlt ihnen die Erkenntnis über diese okkulten und spiritistischen Handlungen. Ich habe schon erlebt, dass die Folgen von okkulten und spiritistischen Handlungen – in gut katholischer Absicht praktiziert – Menschen in schwere seelische Leiden führten oder sogar in zwei mir bekannten Fällen in den Selbstmord trieben.

Als wir einige Jahre zuvor 1978 in Zermatt mit den charismatischen Bibel- und Gebetsversammlungen begonnen hatten, war ich oft traurig über die kleine Teilnehmerschaft. Da mehrere Hundert Leute regelmäßig den Sonntagsgottesdienst besuchten, glaubte ich, es müsste im Volk doch ein tieferes Verlangen nach Jesus und seiner Lehre, aber auch nach den Texten des 2. Vatikanischen Konzils vorhanden sein. Als frisch ordinierter Priester stellte ich jedoch bald fest: So wie wir Menschen in der röm.-kath. Lehre erzogen sind, gebrauchen wir die Religion als Mittel zum Zweck. Ich betone: als Mittel zum Zweck. Ich sollte die Erfahrung machen, dass Umkehr und Buße, Glaube an das Evangelium und öffentliches Bekenntnis innerhalb unserer Religion keinen eigentlichen, biblischen Platz kennen. Was Jugendliche und viele Erwachsene am röm.-kath. Kirchensystem festhalten lässt, ist die Gewohnheit, die ihre Religiosität in Gang hält. Wer sich beim Gottesdienst sehen lässt, gilt als eifriger Katholik, auch wenn bei ihm während der Woche keines der 10 Gebote Gottes eingehalten wird. Die gleiche religiöse Erfahrung machte ich mit der animistischen (nuturverehrende) Religion in Kenia. Diese Feststellung wurde mir von vielen gläubig gewordenen Afrikanern bestätigt.

Wie in Zermatt und anderen Orten versuchten wir auch in Grächen, wöchentlich Bibel- und Gebetstreffen zu haben. Später trafen wir uns zusätzlich noch einmal wöchentlich mit einer Gruppe von jungen Leuten. Der Herr ließ bei den meisten Umkehr, Buße und Versöhnung aufbrechen. Die Mehrzahl der Leute stellten ihr Leben bewusst in den Dienst ihrer Mitmenschen. Während sich ein Teil des Klerus im Oberwallis gegen die Erneuerungen des 2. Vatikanischen Konzils und damit auch gegen die Bibel- und Gebetskreise wandte und mit manch übler Rede und hinterhältiger Aufwiegelung gegen uns vorging, konnten wir oft die Gegenwart Jesu besser in seinen Verheißungen erleben. Wir versuchten vor allem so unauffällig wie nur möglich Hilfe und Licht in versteckte Nöte hineinzubringen. Wie oft mussten wir betrübt unsere Hilfe einstellen, weil der eine oder andere Priester den Leuten durch verlogene Behauptungen

Misstrauen und Angst gegen uns einflößte, sodass sie sich deshalb verwirrt und verängstigt von uns zurückhielten. Sie zogen sich in ihr altes Elend zurück. Eine tiefgreifende Heilung konnten sie nicht erfahren. Diese unlauteren Methoden, die von einigen Priestern gezielt praktiziert wurden, spornten uns jedoch umso mehr an, uns an Jesus und sein Wort zu halten. Der Herr segnete unser Wirken. Er ließ uns manche Kränkung überwinden.

Bald bildeten sich auch in Grächen kleinere Gebetszellen, sogenannte Hauszellen. In diesen Gebetszellen kamen auf eigene Initiative hin etwa zwei, drei oder mehr Leute zum gemeinsamen Gebet zusammen und besprachen gemeinsam bestimmte Anliegen. Ein Vers oder ein Abschnitt aus der Bibel bildete den Leitfaden.

Als sich diese harmlosen Leute vom Bibelkreis zum gemeinsamen Gebet in ihren Häusern einfanden, verstärkte sich die Kritik gegen uns. Es gab allerhand zu reden. Nicht lange danach erhielt ich einen Telefonanruf vom bischöflichen Ordinariat. Der Generalvikar Edmund Lehner hatte Beschwerden entgegennehmen müssen: Die ganze Pfarrei sei wegen des Bibelkreises durcheinander. Er wünschte eine Sitzung mit dem Pfarreirat. Dabei verlangte er, dass 2–3 Erwachsene und ebenso viele Jugendliche aus dem Bibelkreis von ihrer Erfahrung mit der Bibel Auskunft geben sollten. Natürlich war ich einverstanden, denn mehrere Mitglieder des Pfarreirats nahmen am Bibelkreis teil.

Wir einigten uns auf jenes Wochenende, das wir ohnehin für ein »Pfarreiratsweekend« im Bildungshaus St. Jodern in Visp (katholisches Bildungszentrum Oberwallis) mit der dortigen Leitung vereinbart hatten, das uns aber aus uns unbekannten Gründen vom geistlichen Leiter, dem Hausdirektor, kurzfristig abgesagt worden war. Was uns Schaden bringen sollte, wurde zum vollen Segen. Das besagte Wochenende mit dem Generalvikar Edmund Lehner nahte. Wir beteten mit Freude und Glaubensgewissheit, dass die Wahrheit, die Jesus seine Apostel lehrte, siegen würde. Nach der obligaten Begrüßungszeremonie und dem Lesen eines Textes aus der Heiligen Schrift nannte Generalvikar Lehner den Grund seiner Anwesenheit. Die einzelnen gaben Zeugnis von ihrem Glaubensleben, seit dem sie sich mit Jesu Lehre tiefer auseinandersetzten. Das Verhältnis zu den Mitmenschen erfuhr eine positive Wende. Der Vertreter des Gemeinderates brachte folgenden Einwand vor: Diese Hausbibelkreise können unter Umständen zu falschen Glaubensschlüssen verleiten. Diese Gebetstreffen müssten doch kontrolliert werden. Zu meiner Überraschung antwortete ihm Generalvikar Lehner, dass die Leute am Sonntag nach der Messe in den Wirtshäusern auch über die Predigt diskutierten, wer denn da die Garantie gebe, dass sie die richtigen Schlüsse ziehen würden. Der Vertreter des Gemeinderates gab sich mit der Antwort zufrieden und sagte, dass dann auch er nichts mehr gegen die Hauskreise einzuwenden hätte. Dieses Argument betraf allerdings nicht die öffentlichen Bibelabende, sondern die kleinen Hausbibelkreise.

Wir beteten und diskutierten. Das Wochenende brachte den Bibel- und Hauszellen vermehrt Ruhe und Geltung. Der Generalvikar verlangte, dass ich mit den üblichen Mitteilungen des Wochenprogrammes am Schluss eines jeden Sonntagsgottesdienstes auch jedesmal die Bibel- und Gebetszeiten verkünden sollte, um so dem Eindruck einer abgeschlossenen, nur für einige Leute zugänglichen Zusammenkunft entgegenzuwirken. Natürlich nahmen wir mit Freude diese Empfehlung auf. Generalvikar Edmund Lehner zeigte sich uns wohlgesinnt. Je nach Saison nahmen regelmäßig etwa 15–20 Erwachsene, manchmal um die 50 Personen und etwa 5–15 Jugendliche an den Bibel- und Gebetstreffen teil.

Als ich am 19. Oktober 1988 plötzlich und unvorbereitet aus dem Dienste vertrieben worden war, fragten sich viele, was nun wohl mit ihnen und den Bibelkreisen geschehen würde. Einige waren über das Vorgehen der Geistlichkeit so betroffen, dass sie sich gleich von der katholischen Kirche lossagten und von da an den liturgischen Feiern fernblieben.

Während am Sonntag nach meinem Rauswurf aus dem kirchlichen Dienst der 9.30-Uhr-Gottesdienst in der Kirche abgehalten wurde, feierte ich in der Pfarrhauskappelle mit der Vertreterin meiner Pfarrhaushälterin und einer Teilnehmerin aus dem Bibelkreis das Abendmahl. Das war mein erstes Abendmahl nach dem Willen Jesu und der Lehre der Apostel. Ich hatte bewusst niemanden zu dieser Feier eingeladen, denn jeder sollte persönlich entscheiden können, je nach Erkenntnis. Eine Teilnehmerin von »Bibel und Gebet« fragte im Pfarrhaus an, ob wir am Sonntag Gebetsgemeinschaft haben würden. So feierten wir zu dritt in schlichter, einfacher Freude das Gedächtnis des Herrn. Wir lasen die Worte Jesu und der Apostel aus der Bibel, die vom Abendmahl handeln, brachen das Brot und reichten einander den Kelch. Dazwischen sangen wir Lob- und Danklieder.

Als unsere schlichte Feier bekannt wurde, schlossen sich uns noch einige aus dem Bibelkreis an. Wir feierten bis nach meinem Umzug, Mitte Dezember,

Sonntag für Sonntag im Pfarreisaal oder in einer Privatwohnung in schlichter Freude das Mahl des Herrn, so wie es Jesus und die Apostel hielten. Am Dienstag hielten wir mit Erwachsenen und am Freitag mit Jugendlichen Bibel- und Gebetsabende.

Einige Tage nach meiner Exkommunikation versammelten wir uns mit den Erwachsenen zu einem Gebetsabend in dem fast ausgeräumten Wohnzimmer des Pfarrhauses. Wir baten den Herrn, das Haupt der christlichen Gemeinde, um Rat. Nach der Gebetszeit erörterten wir unsere Lage. Ich verhielt mich eher zurückhaltend, denn es sollte jeder persönlich vor Gott entscheiden, in welcher Gemeinschaft er zu verbleiben gedachte. Ich sagte nur: »Ihr seht, wo ich jetzt stehe, außerhalb der katholischen Kirche, aber in voller Gemeinschaft mit Jesus Christus und seiner Lehre.«

Jesus führt uns zu Entscheidungen, sobald wir ihn ehrlichen Herzens suchen und bereit sind, seinen Willen in dieser Welt zu tun. Vor einer so wichtigen Entscheidung standen nun die einzelnen. »Und er streckte die Hand über seine Jünger aus und sagte: Das hier sind meine Mutter und meine Brüder. Denn wer den Willen meines himmlischen Vaters erfüllt, der ist für mich Bruder und Schwester und Mutter« (Matthäus 12,49-50).

Interessanterweise sprachen wir in den Sommer- und Herbst-Bibelabenden tiefgreifender über Jesus. Ist Jesus der Christus?, Was unterscheidet ihn von Religionsgründern?, Jesus als Eckstein, Grundstein (Matthäus 7,24-27; 1. Petrus 2,6), als Haupt der Kirche (Epheserbrief, Matthäus 7,21 u.a.), von der Gottesfurcht als dem Anfang aller Weisheit (Psalm 110,20; Sprüche 3,13-14 u.a.), vom Sinn und der Bedeutung der Glaubenstaufe im Zusammenhang mit Glauben und Buße (Markus 16,16; Apg 2,38f und die vielen Zeugnisse in der Apostelgeschichte), vom Heiligen Geist und von der Gabe des Heiligen Geistes.

Bald entwickelte sich eine rege Diskussion. Die einen hatten sich entschieden, den Weg Jesu Christi und der Apostel zu wählen. Sie waren der Überzeugung, dass man nicht den Weg Jesu und seiner Lehre gehorsam beschreiten könne und zugleich die römischen Sonder- und Irrlehren länger unterstützen könne, die Jesus und seiner Lehre entgegenstehen. Nun sei eine Situation gegeben, die eine öffentliche, mutige Entscheidung mit allen Konsequenzen für Jesus erfordere. Einige wiesen auf das Zeugnis Marias, der Apostel und der ersten Christen hin, die noch viel Schlimmeres durchstehen mussten, als wir zu erwarten hätten. Andere befürchteten Zeter und Mordio zu Hause, wenn sie jetzt die röm.-kath. Kirche verlassen würden. Sie hätten noch schulpflichtige Kinder und da in den Walliserdörfern Schule, Religion, Kultur- und Volksleben in eins verknüpft sind, sei vorerst ein Austritt aus der römischen Kirche nicht denkbar, obwohl sie sich auch künftig nicht an deren widersprüchliche Weisungen halten würden.

In der folgenden Zeit sagte sich in Grächen und in anderen Orten ein kleiner Kreis von 25 Personen von der röm.-kath. Kirche los. Einige bekundeten schriftlich den Kirchenaustritt, andere waren überzeugt, dass sie nie bewusst zur röm.-kath. Kirche gehört hätten. Seit der Sekundarschule hätten sie sowieso nie mehr am kirchlichen Leben ernsthaft teilgenommen, außer bei Tauf-, Hochzeits- und Beerdigungszeremonien und dies nur ihren Eltern, Angehörigen oder

Freunden zuliebe. Die Glaubenstaufe nach der Lehre Jesu und der Apostel würde dem Willen Jesu entsprechen, um zum Leibe Christi zu gehören.

Zu meinem Erstaunen erhielt ich in der nächsten Zeit laufend Telefonanrufe und auch Briefe von Katholiken aus dem Wallis, die mir bekannten, dass sie nur mehr rein äußerlich Katholiken seien. Sie hätten nicht die Kraft, sich innerlich loszusagen, wegen der Konsequenzen, aber sie wollten uns innerlich stützen, zu uns stehen, wenn auch nicht öffentlich, so doch im Geheimen. Auch sie hätten erkannt, dass das Wort Gottes sich von vielen Lehren Roms klar unterscheide. Zu gegebener Zeit wären auch sie bereit, den Weg mit Jesus Christus zu gehen.

Seit jenen Tagen versammelten wir uns irgendwo in einem Privathaus oder in einem öffentlichen Raum zu Bibel- und Gebetszeiten oder zum Brotbrechen. Wir brachen gemeinsam das Brot, verkündeten die Botschaft Jesu und versuchten, einander, so weit es die Umstände erlaubten, in den täglichen Nöten beizustehen. So wie uns der Evangelist Lukas berichtet: »Die nun sein Wort annahmen, ließen sich taufen ... sie blieben aber beständig in der Lehre der Apostel und in der Gemeinschaft und im Brotbrechen und im Gebet ... und brachen das Brot hier und dort in den Häusern, hielten die Mahlzeiten mit Freude und lauterem Herzen und lobten Gott ...« (Apostelgeschichte 2,41-42.46). Wer die Lehre Jesu täglich betrachtet und sich grundlegend dieser befreienden Botschaft öffnet, muss mit den Aposteln Petrus und Johannes bekennen: »Wir können es nicht lassen, von dem zu reden, was wir gesehen und gehört haben« (Apostelgeschichte 4,20). »Im Namen Jesu Christi, des Nazoräers, den ihr gekreuzigt habt, den Gott auferweckt hat aus den Toten – in diesem Namen steht dieser gesund vor euch. Das ist der Stein, der von euch, den Bauleuten, für nichts geachtet, der zum Eckstein geworden ist. Und es ist in keinem anderen das Heil: denn auch kein anderer Name unter dem Himmel ist den Menschen gegeben, in dem wir errettet werden müssen [als nur Jesus Christus]« (Apostelgeschichte 4,10-12).

Mich selbst erstaunte der Mut dieser einfachen Leute. Wie musste ich an das Zeugnis in Apostelgeschichte 4,13 denken: »Als sie aber die Freimütigkeit des Petrus und Johannes sahen und bemerkten, dass es ungelehrte und ungebildete Leute seien, verwunderten sie sich; und sie erkannten sie, dass sie mit Jesus gewesen waren.« Der berühmte Grächner Reformator Thomas Platter wird sich im Himmel darüber freuen, dass sein biblisches Wirken nach rund 400 Jahren in seinem Geburts- und Heimatort nun seine Früchte zeitigt.

Auf Wanderschaft

Im Dezember 1988 zogen meine Pfarrhaushälterin Elfriede und ich von Grächen weg und bezogen das Kurs- und Ferienhaus Bella-Vista. Einige Zeit später wuchsen wir zu einer kleinen Hausgemeinschaft zusammen. Elfriede reiste am 31. Dezember nach Biel, um dort bei JMEM (Jugend mit einer Mission) die sechsmonatige Schule für Jüngerschaft zu absolvieren. Anstelle von Elfriede übernahm Rosa Fux, meine frühere, ältere Pfarrhaushälterin den Haushaltsdienst in der Bella-Vista. Regelmäßig suchten uns Leute auf, manche offen, andere auch heimlich und fanden bei uns Unterschlupf.

Einmal wöchentlich versammelten wir uns im nahen Haus von Siegfried Willa zu einem Bibel- und Gebetsabend. An diesen Treffen beteiligten sich auch Interessierte aus der Umgebung. Bei diesen Abenden versuchten wir die Autorität Jesu, das Wort Gottes, in die Mitte zu stellen, was zu manchen heftigen, aber auch gesunden Diskussionen Anlass bot. »Wie sollen wir dann heil davon kommen, wenn wir Gottes große Rettungstat missachten? Sie hat damit angefangen, dass der Herr sie verkündet hat, und sie ist uns bestätigt worden von denen, die ihn gehört haben. Gott selbst hat dazu seine Beglaubigung gegeben durch wunderbare Zeichen seiner Macht und durch die Gaben des Heiligen Geistes, die er nach freiem Ermessen ausgeteilt hat« (Hebräer 2,3-4). Vor solchen und vielen anderen Aussagen in der Heiligen Schrift empfinden wir hohe Achtung und erkennen die Verantwortung, die wir Christen Christus gegenüber schuldig sind.

Einige Zeit nach der Exkommunikation besuchte ich die Pfingstgemeinde in Brig. Obwohl ich bis dahin kaum Kontakt zu dieser Gemeinde gepflegt hatte, wusste ich von einigen Jugendlichen, die durch den Glauben an Jesus von Drogen oder vom Alkohol oder von einem sinnlosen, verkehrten Leben freigeworden waren. Sie luden mich auch ab und zu zum Dienst am Wort ein. Bald einmal sollte ich bei einem Beerdigungsgottesdienst der Pfingstgemeinde am Wort dienen, was ich gerne tat. Als in der Zeitung das Danksagungsschreiben an die Beerdigungsteilnehmer erschien, wurde natürlich auch mein Name veröffentlicht. Was zu vermuten war, trat auch ein, denn sofort protestierten einige Leute gegen uns und wiegelten die Besitzer der »Bella Vista« gegen uns auf, was eine tiefreichende Aussprache zwischen der Familie Willa und uns zur Folge hatte. Wir waren nicht bereit, den biblischen Weg aufzugeben und die Familie Willa wäre mit der Zeit dermaßen unter den Hammer der Kritik geraten, dass wir alle uns entschlossen, weiterzuziehen.

Es fiel uns nicht unbedingt leicht, das prächtig gelegene Kurs- und Ferienhaus zu verlassen. So zogen wir im April 1989 aus der »Bella-Vista«. Nachdem ich etliche Mühe hatte, eine Wohnung in der Region Brig/Visp zu finden, erhielt ich an einem Samstag durch eine Annonce gleich drei Angebote. Am Samstag lud mich der Posthalter von Eggerberg, Walter Zimmermann, zusammen mit seinen Familienangehörigen zum Mittagessen ein. Er offerierte mir vorübergehend seine 2-Zimmer-Dachwohnung. Nach zwei Monaten durfte ich einige Häuser weiter in die äußerst schön gelegene Wohnung seines Sohnes Klaus umziehen. Im Sommer 1989 durfte ich dann Marianne näher kennen lernen. Sie wurde einige Monate später meine Frau. Nach der Heirat mit Marianne, Ende Oktober 1989, blieben wir noch bis Mai 1990 in Eggerberg.

Mitte Mai zogen wir um nach Visp. Dieses kleine schmucke Städtchen an der Vispe, das einst dem Grächner Thomas Platter für eine kurze Zeit die Möglichkeit bot, das volle Evangelium zu lehren, ist zentral gelegen und Ausgangspunkt zu weltberühmten Kurorten.

In einem alten Haus bewohnten wir eine 3½-Zimmer-Wohnung. Gäste, die ich vor allem in Zermatt und Grächen kennen lernen durfte, kehrten bei uns ein und brachten neue Leute mit. Auch für die Einheimischen waren wir leicht erreichbar. Im Herbst 1991 sind wir nach Mörel-Breiten umgezogen.

Marianne – meine Frau

Immer wieder wünschten mir Freunde eine Frau mit der gleichen Glaubens- und Lebenshaltung zur Seite. Der Gedanke, eine Frau mit der gleichen Glaubensüberzeugung und einem mutigen Einsatz für das Reich Gottes könnte mir eine Hilfe sein, bewegte mich gelegentlich. Doch menschliche Überlegungen hielten mich davon ab. Ich hatte im Augenblick genug zu verkraften und meine Seele hinkte manchmal hinter all dem her. Zudem quälte mich ein äußert ungewöhnliches Magen-Darmleiden. Ich konnte kaum noch essen und trinken. Die vielen Anfeindungen und unsachlichen Auseinandersetzungen, zu denen ich meistens auch keine Stellung beziehen konnte, weil mir diese Möglichkeit kirchlicherseits nicht eingeräumt worden war, drängten mich im wahrsten Sinn des Wortes an den Rand des Grabes. Eine Zeitlang quälten mich Verlassenheit und Einsamkeit, obwohl ich immer genug Leute um mich herum hatte. So verharrte ich länger als sonst im Gebet vor dem Herrn. Die Bibel, das Wort Gottes, erwies sich mir als lebendiges Brot für mein Leben und Überleben. Ich bat den Herrn – in jenen Tagen und Nächten – mich sterben zu lassen, wenn ich nicht gemäß des Evangeliums rede und lehre.

Immer wieder stellt uns der Herr auf einer bestimmten Lebensstrecke bestimmte Leute zur Seite, wie z. B. die Familie Schroff. Ist Sinn und Zweck dieser Beziehung erfüllt, kann sie wieder lockerer werden oder sich gar auflösen.

So auch mit Martin Schroff und seiner Frau Regula, überzeugte treue Christen, die einen äußerst herausfordernden und einen nicht alltäglichen Glaubensweg hinter sich brachten. Sie besuchten mich gelegentlich und erkundigten sich in dieser Zeit der Bedrängnis auch telefonisch nach meinem Wohlergehen. Sie meinten, es stehe einem Mann in meiner Situation und in meinem Alter nicht zu, ledig zu bleiben und ohne Partnerin dem Herrn im Glauben zu dienen, da ja die Gnadengabe einer echten Ehelosigkeit den Menschen eher selten zuteil werde. Sie beharrten fest auf dieser Überzeugung. Ich wusste, wie die meisten römischen Katholiken über dieses Thema »Priesterehe« dachten, darum versuchte ich ein solches Ansinnen von mir zu weisen. Martin wies auf das Wort Gottes hin, dass Gottes Wort für mich nun Richtschnur sein müsse, auch in Zölibatsfragen, und dass ich nicht mehr an die Zölibatslehren einer Institution gebunden sei, die sich ja auch in diesen so wichtigen Lebensbereichen nicht an Gottes Wort halte und menschliche Weisheit bevorzuge.

Ich war der Überzeugung, dass es für eine Heirat immerhin zwei Menschen braucht. So winkte ich ab. Anfänglich empfand ich seine Äußerungen diesbezüglich als sehr anmaßend und abstoßend. Martin ließ nicht locker. Er machte mich auf eine Frau aufmerksam, die im Glauben an Gott und an seine Weisungen vorbildlich wachse und eine treue Lebensgefährtin für mich werden könnte. Er nannte den Namen Marianne, die seit Ende April für einige Monate in seinem Haushalt mithalf, während seine Frau ihr sechstes Kind, den kleinen David, gebar. Über diese direkte Art von Martin war ich entrüstet. Zu grotesk, ja zu mittelalterlich schien mir diese Zuweisung. Es ergriff mich Entsetzen bei dem Gedanken, dass es sich bei Marianne gerade um eine Grächnerin handelt! Warum wohl? Wenn daraus wirklich etwas werden sollte, dann würde bestimmt eine große Welle von Verleumdungen auf Marianne und mich zukommen. Würden die Leute nicht sagen: »Seht, da habt ihr es, die hatten doch schon vorher ein Verhältnis miteinander.« Und übrigens, so sagte ich, ist Liebe etwas, das man nicht planen kann. Würde Marianne mich überhaupt lieben können und meine Lebensgefährtin sein wollen? Immerhin war ich 18 Jahre älter als sie. Gegenargument um Gegenargument aus einer falschen religiösen Ethik heraus, bereiteten mir schwere Tage und Nächte in der kleinen Mansardenwohnung in Eggerberg.

Dem röm.-kath. Volk ist die biblische Wahrheit über Ehe und Zölibat weitgehend unbekannt. Würde mich das Volk in seiner Unwissenheit überhaupt verstehen können? Wie würden die Eltern von Marianne, meine Angehörigen und die vielen Freunde reagieren? Die Geistlichkeit würde diese Gelegenheit nutzen und das neueste Ereignis beim Volk sicher zu ihren Gunsten ausschlachten, diesen Schritt missbrauchen und mich verleumden! So sollte es auch kommen!

Marianne und ich beschlossen am Telefon, bei Fasten und Gebet dem Herrn das Anliegen vorzubringen. Was Er uns im Gebet zeigen würde, jedem unabhängig vom andern, wollten wir als den Willen des Herrn annehmen. Nach zwei Tagen Fasten, Gebet und Lesen der Worte aus der Schrift über Ehe und Zölibat schenkte mir der Herr Gewissheit und Frieden über eine gemeinsame Zukunft mit Marianne, im Dienste des Evangeliums. Marianne hatte dieselbe Gewissheit erlangt. Als Exkommunizierter war ich ja an keine römischen Gesetze mehr gebunden, aber umso mehr dem christlichen Glauben verpflichtet. Christus lässt es jedem Menschen, ohne Ausnahme, frei zu heiraten – ob Priester oder nicht.

Wer in der tiefen Glaubensbegegnung mit dem Herrn in einem Anliegen Gewissheit empfängt, dem können menschliche Vorstellungen nicht mehr so sehr zusetzen. »Wenn ich dich anrufe, so erhörst du mich und gibst meiner Seele große Kraft. Denn der Herr ist hoch erhaben und sieht auf den Niedrigen. Wenn ich mitten in der Angst wandle, so erquickst du mich. Der Herr wird meine Sache hinausführen. Herr, deine Güte währt ewig« (Psalm 138,3.6-8). Nach einem Telefongespräch begegneten wir uns am 8. Juni 1989 in Lüterswil, wo Marianne arbeitete. Diese erste Begegnung ließ mich die Sinnlosigkeit eines solchen Vorhabens offenbar werden. Unsere zweite Begegnung war dann jedoch von der Absicht geleitet, gemeinsam für den Herrn, im Dienste am Evangelium unterwegs zu sein; sie war vor allem vom Zwiegespräch mit dem Herrn begleitet. Im Laufe des Sommers 1989 entschieden wir uns, Ende Oktober desselben Jahres zu heiraten, dies obwohl wir uns kaum kennen lernen konnten.

Nun, wir bauten gemeinsam ganz fest auf den Herrn und seine Weisungen, seine Gebote. Der gemeinsame Glaube an Jesus ermutigte uns zu diesem Schritt. So wagten wir am 28. Oktober 1989 – auf dem Fundament des christlichen Glaubens – die Ehe einzugehen.

Marianne hatte sich früher im Pfarreileben von Grächen engagiert. Sie hatte auch an den Bibelabenden teilgenommen, wobei sie sich immer sehr zurückhielt oder gerne mal opponierte. Bei einem Englandaufenthalt im Jahre 1985 lernte sie Christen kennen, die sich an der biblischen Wahrheit orientierten und ihr Leben für Christus wagten. Die um sich greifende religiöse Sinnlosigkeit und Orientierungslosigkeit vieler Katholiken ermutigte auch sie, mit Gott ernst zu machen und ihr Leben auf ihn auszurichten. Als sich nach meiner Exkommunikation einige Pfarreiangehörige entschieden, Christus gemäß seiner Lehre zu folgen, gehörte zu meinem Erstaunen auch Marianne zu ihnen. Auch ihr war wie den anderen bewusst, dass Christus von den Menschen Entschiedenheit abverlangt, dass sich ein leichtfertiges Glaubensleben sowohl für dieses wie auch für das ewige Leben als Desaster entpuppen wird.

Im Winter 1988/89 durfte ich Marianne als mutige Verteidigerin des christlichen Glaubens kennen lernen. Dafür stand sie freimütig ein – Gerede der Leute hin oder her. Sie musste dafür manchen Fußtritt einstecken. Auch sie ahnte nicht, was noch alles auf sie zukommen sollte. Doch mit dem Schild ihres Glaubens hielt sie bis heute alle Brandpfeile ab – darin ist sie auch mir zum Vorbild geworden. Nicht umsonst schreibt Paulus den Christen von Ephesus: »Bei alledem ergreift den Schild des Glaubens, mit dem ihr alle feurigen Pfeile des Bösen auslöschen könnt« (Epheser 6,16).

Als unser Heiratsdatum für den Monat Oktober bekanntgeworden war, prasselte ein Hagel an Vermutungen und Verleumdungen auf uns nieder. Paulus sagte den Christen von Ephesus: »Nehmt den Helm des Heils« (Epheser 6,17). Diesen Helm brauchten wir jetzt dringend! Wir nehmen es keinem Menschen übel, der uns mit den schlechtesten Gedanken und Worten bewirft. Wie soll jemand, vom weltlichen

145

Taufe von Marianne, die später meine Frau wurde

Denken her geprägt, glauben können, Marianne und
ich hätten nach bloß fünf Monaten Bekanntschaft einfach heiraten können? Die meisten Ehepaare leben
Jahre vor ihrer Trauung zusammen. Das Denken unserer Gesellschaft ist von diesen Erfahrungen geprägt.

Unsere Hochzeitsfeier sollte schlicht und einfach bleiben. Wir wollten niemanden durch eine schriftliche Einladung in Verlegenheit bringen, so versandten wir weder Anzeigen noch Einladungen. Es sollte daran teilnehmen, wer wollte.

Priester erzählten vor versammelten Leuten, aus sicheren Quellen wüssten sie, dass Marianne schwanger sei und wir nun schnell heiraten müssten. Eine Person erzählte herum, Marianne hätte ihr persönlich zugegeben, dass wir schon früher heimlich zusammengelebt hätten und nun heiraten müssten. Eine andere Person scheute auch nicht davor zurück, überall bekannt zu machen, ich hätte ihr gesagt, dass Marianne schwanger sei und wir nun heiraten müssten. Manche Menschen wühlten in diesem Dreck von Vermutungen und Verleumdungen herum und schienen dieses Treiben als eine fromme Möglichkeit der Rache zu genießen. Das schien kein Ende nehmen zu wollen und brachte uns manchmal in äußerst schwere Nöte.

›ÜBRIGENS ...‹ –
Die Hetze gegen uns geht weiter!

Am 29. März 1990 veröffentliche der bischöfliche Sprecher »im Walliserboten« einen Artikel gegen uns, der auf der folgenden Seite abgebildet ist.

Wegen dieses Artikels mussten wir eine Welle von Empörung und Hass über uns ergehen lassen: Anonyme Briefe, anonyme Telefonanrufe in der Nacht, Drohungen ... Marianne wurde während der Schwangerschaft bedroht, musste das Haus verlassen usw.

Wir hoffen sehr, dass der kirchliche Sprecher, das, was er uns und unseren Freunden mit diesem Rufmord an Leiden angetan hat, vor Gott, der die Herzen der Menschen kennt, in Ordnung bringen wird. Mögen auch seine geistlichen Ratgeber, die Schreckliches heraufbeschworen hatten, Jesus Christus und sein Wort allein erkennen. Das ist unsere bleibende Bitte vor Gott!

Im Gebet, im Wort Gottes und im Verweilen beim Herrn und bei Glaubensgeschwistern fanden wir viel Trost und Kraft. Wir baten den Herrn um die Kraft nach Lukas 6,27. Dort sagt Jesus: »*Aber euch, die ihr hört, sage ich: Liebt eure Feinde; tut wohl denen, die euch hassen; segnet, die euch fluchen; betet für die, welche euch verleumden.*«

Wie sollten Marianne und ich uns verteidigen können bei einer verleumderischen Übermacht, die »im Namen Gottes« ein leichtes Spiel hatte, uns in der Öffentlichkeit zu erledigen. Wir wussten, dass viele Menschen aus Unwissenheit und Unkenntnis, aus Ver-

... ist um, mit und durch Herrn Dalliard anlässlich seiner Beendigung des Pfarrdienstes in Grächen ein erstaunlicher Medienrummel in die Welt gesetzt worden: ein «Fall» war geboren! Die Walliser Presse und auch Deutschschweizer Blätter, z. B. die «Weltwoche», liessen über diesen «Fall» schon damals und die «Walliser Woche» gerade kürzlich wieder viel Druckerschwärze fliessen. Zum «Woche»-Interview des «Ältesten» Dalliard gab es eine wohlformulierte Replik und auf diese bereits wieder eine sinnige Duplik. Ich möchte hier nun keine eigentliche «Triplik» machen und auch die religiösen Meinungen von Herrn Dalliard in keiner Weise beargwöhnen. Über seine Thesen zur Bibel, zu Maria und zum lieben Gott mögen die Theologen verhandeln. Das ist ihr Brot. Ich bedaure nur, dass sie dies nicht immer so christlich tun, wie sie reden. Immerhin erlaube ich mir aber zum ganzen «Fall» im folgenden eine kleine Randbemerkung.

*

Ältester Gregor Dalliard hatte sicher das gute Recht, die Frau, die er liebt, zu heiraten. Wir dürfen uns auch herzlich darüber freuen, dass er nach eigener Aussage seit einigen Monaten mit dieser Angetrauten sehr glücklich lebt. Ihm ist zur gelungenen Heirat zu gratulieren. Möge diese auch in Zukunft so glücklich sein!

Die Frage, die ich zu stellen habe, ist im Vergleich zu diesem Glück eher bescheiden: Hätte Herr Dalliard die Frau seines Lebens nicht auch heiraten können ohne die Kirche, mit der er sich nicht mehr identifizieren konnte, und den Herrn Bischof usw. als Hauptschuldige darzustel-

Alois Grichting

len? Wieso stellt ein Priester, wenn er heiraten will, vor dem Ringtausch zuerst noch so und so viele Mitmenschen öffentlich als die letzten Mohikaner vor, und warum begründet er seine Heirat öffentlich? Heiraten ist doch die normalste Sache der Welt. Wieso müssen, wenn ein Priester heiraten will, überhaupt Schuldige gefunden werden? Der betreffende Priester weiss doch selbst am besten, was und wer ihm das Heiraten so vielversprechend macht(e) und also «schuld» daran ist.

*

Übrigens frägt es sich, ob die Presse und die elektronischen Medien in der Deutschschweiz und auch im Wallis gut beraten waren, aus Gregor Dalliard einen «Fall» zu machen. Hätte man Herrn Dalliard

nicht viel eher in aller Ruhe heiraten und sein hierarchisches Ältestenamt in einer neuen Religionsgemeinschaft gemächlich und ohne das Bewusstsein, ein «Fall» zu sein, antreten lassen sollen? Ich habe auf jeden Fall den Eindruck, dass wir Walliser in den ausserkantonalen Zeitungen nur zu oft genau dann erscheinen, wenn bei uns ein «gemachter», vermeintlicher oder auch wirklicher Skandalfall entdeckt wird, oder wenn sonst etwas Anrüchiges ansteht. Das Pikante daran ist, dass es sehr oft noch gerade unsere eigenen Schreiber sind, die beim bass erstaunten schweizerischen Publikum unser Image als skandalträchtige Gesellschaft festigen. Dafür haben wir ihnen z. B. im «Fall Dalliard» nicht besonders zu danken. Der viele Lärm um diesen «Fall» erweist sich zunehmend als verlorene Mühe und als ein Schlag ins Leere. Was will man denn? Herr Dalliard fühlt sich, wie er verkündet, als Ältester der Pfingstgemeinde und nach seiner Heirat endlich glücklich — auf jeden Fall nach dem «Fall» glücklicher als während und vor dem «Fall». Denkt man all dies zu Ende, sollte sich Herr Dalliard eigentlich dafür bedanken, dass der «Fall» ihm zum Glück verholfen hat. Dies wäre aber kein Thema für die Medien — eben kein «Fall». Diese veröffentlichen — ausser in einem bestimmten ernsten Fall — Danksagungen in keinem Fall.

»Übrigens« von Alois Grichting

führung und Verblendung, aus eigenen schlechten Erfahrungen im Leben heraus redeten und handelten.

Dann war uns klar, dass Menschen ihre religiösen Sicherheiten verteidigen wollten, in die sie hineingeboren worden waren und in denen sie sich eingerichtet hatten.

Ferner fanden wir tiefen Trost in den Verheißungen Gottes, dass am letztem Tag alles vor ihm und vor allen Menschen offen und bloß dastehen wird. Alles wird dann offenbar sein und darüber werden wir uns freuen dürfen, weil wir gerecht und sauber in die Ehe gegangen sind. Wir lasen in Psalm 33,13: »Der Herr blickt vom Himmel herab, er sieht alle Menschenkinder.« Im Hebräer 4,12-13 tröstete uns Gott mit den Worten: »Denn lebendig ist das Wort Gottes, kraftvoll und schärfer als jedes zweischneidige Schwert ... Es richtet über die Regungen und Gedanken des Herzens; vor ihm bleibt kein Geschöpf verborgen, sondern alles liegt nackt und bloß vor den Augen dessen, dem wir Rechenschaft schulden.«

Zwei Überlegungen

Zwei Überlegungen, die ich anbringen will, scheinen mir von Bedeutung zu sein.

1. Hätte ich unbedingt mit einer Frau zusammenleben wollen, dann hätte ich mir all das erspart, was über mich kommen sollte, denn so weit vermochte ich wohl noch zu denken! Genug Gelegenheiten hätten sich mir als Priester geboten, wenn ich dieses Ziel verfolgt hätte.

2. Hätte ich aus Liebe zu einer Frau unbedingt heiraten wollen, dann hätte ich wie Tausende von röm.-kath. Priestern mein Amt niedergelegt und geheira-

tet. Ich wäre wie die meisten von ihnen trotzdem römischer Katholik geblieben.

Marianne gebar unser erstes Kind, Nathanael, 12 Monate und eine Woche nach unserer Hochzeit. Manche Leute waren betroffen und entschuldigten sich bei uns und baten uns um Vergebung, denn sie hätten doch nie geglaubt, dass eine kirchliche Obrigkeit solche Verleumdungen aussäen konnte.

Jeder Priester, der mit der röm.-kath. Kirche aus Glaubensgründen nicht mehr Schritt halten kann und gedenkt, diese Institution zu verlassen, muss damit rechnen, dass er in der Öffentlichkeit mit dem Argument »Frau im Spiel« kaputt gemacht wird. Mit dieser Art von heiliger Rache sind bis heute zahllose Priester von der römischen Geistlichkeit in der Öffentlichkeit lebendig begraben worden. Ihnen wurde jegliche Glaubwürdigkeit vor anderen genommen. »Im Namen Gottes« lässt sich vor dem Volk alles rechtfertigen!

Entscheidende Wegweisung

Von 1991–1995 leitete ich die Pfingstgemeinde Brig. Christliche Gemeinden und Bibelschulen luden mich von Jahr zu Jahr vermehrt zu Diensten ein, so dass sich eine Entscheidung zwischen Gemeindeleitung und vollzeitlichem übergemeindlichen Dienst aufdrängte.

Das letztere entsprach offensichtlich meiner Berufung. Seit Januar 1995 bezeichne ich meinen Dienst als HISKA/INFOKA, was soviel besagt wie: Hilfsdienststelle für suchende Katholiken und Informationsstelle über Katholizismus.

Die internationale Führung der Pfingstgemeinde pflegt seit 1975 den offenen Dialog mit der röm.-kath. Führung. Die Vatikanzeitung (L'Osservatore Romano) schrieb am 2. August 1991: »Vertreter der katholischen Kirche und der verschiedenen Gemeinschaften der Pfingstbewegung sind in Venedig zusammengekommen … Der südafrikanische Vertreter der Pfingstbewegung, François Müller, von der ›Apostolic Faith Mission‹ betonte nach dem Treffen, der Dialog über die biblischen und systematischen Grundlagen der Evangelisierung sei für beide Seiten fruchtbar gewesen.« Das Resultat dieser vatikanischen Taktik: »Die Christen der verschiedenen Pfingstgemeinschaften müssten ihre Einschätzung der katholischen Kirche gegenüber in weiten Teilen revidieren«, forderte Müller.

Eine weitere Erfahrung veranlasste uns 1995, die Pfingstbewegung zu verlassen. Die Phänomene des Torontogeistes empfanden wir von Anfang an als ein unheimliches, verwirrendes Dämonenmanöver. Wir waren entsetzt über den Mangel an Geistesunterscheidung unter den Führenden der charismatischen und pfingstlichen Bewegung.

Doch wir wollten nicht vorschnell entscheiden. Wir hörten uns unzählige Vorträge und Meinungen an, prüften Pro und Kontra. Anhand des Zeugnisses der Apostel mussten wir uns von diesem gewaltigen endzeitlichen Strom des geistliches Irrwahns und Abfalls lösen.

Die Erklärung von New York ›Evangelikale und Katholiken zusammen‹ (›ECT‹) vom 29. März 1994, von prominenten Evangelikalen und Katholiken unterschrieben, hält an der biblisch unhaltbaren Auffassung fest: »Evangelikale und Katholiken sind Brüder und Schwestern in Christus.« Bill Bright, der Kopf von ›Campus für Christus‹ ist Mitunterzeichner. Unter seiner Verantwortung wurde vom 28. Dezember 1997 bis 1. Januar 1998 in Basel der internationale Missionskongress ›Explo‹ durchgeführt. Eingeladen waren auch der Hausprediger des Papstes Pater Raniero Cantalamessa und andere führende Katholiken. Ihr Motto: »Neuer Wind in alten Kirchen.«

Solange die römisch-katholische Kirche an ihren zentralen antichristlichen heilsnotwendigen Lehraussagen (Dogmen) gegen die errettende Gnade Jesu festhält, können Christen keine Gemeinschaft mit Vertretern dieses Systems haben. »Wer sagt ... die Menschen könnten durch den Glauben allein von Gott die Gnade der Rechtfertigung erlangen, der sei verflucht«[1]; »Wer sagt ... zur Erlangung der Gnade reiche der bloßer Glaube an die göttliche Verheißung hin, der sei verflucht.«[2]

Die Lehre der Apostel hält dagegen fest: »Denn aus Gnade seid ihr errettet durch Glauben, und das nicht aus euch, Gottes Gabe ist es; nicht aus Werken, damit niemand sich rühme. Denn wir sind sein Gebilde, in Christus Jesus geschaffen zu guten Werken, die Gott zuvor bereitet hat, damit wir in ihnen wandeln sollen« (Epheser 2,8-10).

Anmerkungen

19. Oktober 1988: Verworfen und denunziert

1 Blasig: Christ im Jahr 2000, Kösel 1984, S. 150
2 Ebd., S. 152

15. August 1988: Die Marienpredigt

1 Rottmann: ... *und werden den Lehren von Dämonen anhangen*, Schulte + Gerth, S. 87
2 Ebd., S. 87
3 Ebd., S. 87
4 Ebd., S. 87
5 Ebd., S. 87
6 Ebd., S. 87

Exkommunikation de facto festgestellt – Fristlose Entlassung

1 Rahner-Vorgrimler, *Kleines Konzilskompendium*, Herder, S. 234
2 Ebd., S. 236
3 Ebd. S. 235
4 Ebd. S. 249
5 Sämtliche Zitate von Kanons sind dem Codes des kanonischen Kirchenrechtes der katholischen Kirche entnommen (CIC, Codex Iuris Canonici).

Warum ich Priester geworden bin

1 Schaeffer: *L'abri*, Oncken Verlag, Wuppertal, S. 70
2 Katholischer Katechismus, Benziger, S. 106
3 Neuner-Roos: *Der Glaube der Kirche*, Pustet, Nr. 375
4 Ebd., Nr. 376
5 Ebd., Nr. 3881

 6 Rahner-Vorgrimler: *Kleines Konzilskompendium*, Herder, Ökumenismus, S. 233

 7 P. J. M. Lenz: Papst Paul VI., Credo des Gottesvolkes, S. 13

 8 Johannes-Paul II., Enzyklika »Ut unum sint« (»dass sie eins seien«), Christiana, 1995

 9 Ebd. Art. 15

10 Ebd. Art. 18

11 Ebd. Art. 12

12 Rahner-Vorgrimler, a.a.O., S. 233

13 Friedrich: Geschichte des Vatikanischen Konzils, S. 37, zit. in Kuen, *Gemeinde nach Gottes Bauplan*, S. 37

14 Neuner-Roos, a.a.O., Nr. 430

15 Ebd., Nr. 382

16 Katholischer Katechismus, a.a.O., S. 7

17 Ebd., S. 7

18 Ebd., S. 8

19 Ebd., S. 8

Entscheidende Wegweisung

 1 Neuner-Roos, a.a.O., Nr. 509, S. 355

 2 Neuner-Roos, a.a.O., Nr. 513, S. 356

clv

James G. McCarthy
Das Evangelium nach Rom

Hardcover

Eine Gegenüberstellung der katholischen Lehre und der Heiligen Schrift

444 Seiten,
DM 39,80
ISBN 3-89397-366-4

Eine ausführliche und gründliche Widerlegung der Lehren der röm.-kath. Kirche anhand der Bibel. Außer 24 Punkten, in denen das »Evangelium nach Rom« vom biblischen Evangelium abweicht, zeigt der Autor eine Fülle von unbiblischen Lehren über die Messe, Maria und kirchliche Autorität auf. Zudem werden alle Argumente, mit denen kath. Theologen sich üblicherweise verteidigen, stichhaltig widerlegt. Bei aller Sachlichkeit und Systematik ist das Buch dennoch interessant und vor allem liebevoll geschrieben.
Es kann auch sehr gut als Leitfaden für Gesprächskreise o. Ä. verwendet werden.

Hans-Werner Deppe
Sind Sie auch katholisch?

Taschenbuch

128 Seiten
DM 3,80
ISBN 3-89397-785-6

Systematisch werden die Abweichun-
gen des katholischen Glaubens vom
biblischen Evangelium aufgezeigt und
der Leser mit dem Evangelium der
Gnade Gottes und der Notwendigkeit
der Wiedergeburt bekannt gemacht.

Der Autor zitiert viele katholische
Quellen – allen voran den Weltkate-
chismus – und stellt dem treffend die
Aussagen der Bibel gegenüber. Zwei
Anhänge über Wiedergeburt und
Gemeinde runden das Buch ab.

Ein preiswerter Überblick über die
Konflikte der röm.-kath Kirche mit der
biblischen Lehre.